中央高校基本科研业务费专项资金资助、中央司
十九届六中全会精神专项项目：新时代司法警官院校红色文化资源育人路径研究
（SJDLZ2205）

高校应用型人才培养
与实践教学改革研究

冯　景◎著

吉林出版集团股份有限公司
全国百佳图书出版单位

图书在版编目（CIP）数据

高校应用型人才培养与实践教学改革研究 / 冯景著
. -- 长春 : 吉林出版集团股份有限公司 , 2023.4
ISBN 978-7-5731-3281-9

Ⅰ . ①高… Ⅱ . ①冯… Ⅲ . ①高等学校－人才培养－
研究－中国 Ⅳ . ① G649.2

中国国家版本馆 CIP 数据核字 (2023) 第 085059 号

高校应用型人才培养与实践教学改革研究
GAOXIAO YINGYONGXING RENCAI PEIYANG YU SHIJIAN JIAOXUE GAIGE YANJIU

著　　者　冯　景
责任编辑　祖　航　林　琳
封面设计　李　伟
开　　本　710mm×1000mm　　　　1/16
字　　数　220 千
印　　张　13.25
版　　次　2023 年 4 月第 1 版
印　　次　2024 年 1 月第 1 次印刷
印　　刷　天津和萱印刷有限公司

出　　版　吉林出版集团股份有限公司
发　　行　吉林出版集团股份有限公司
地　　址　吉林省长春市福祉大路 5788 号
邮　　编　130000
电　　话　0431-81629968
邮　　箱　11915286@qq.com
书　　号　ISBN 978-7-5731-3281-9
定　　价　80.00 元

作者简介

冯景　女，出生于 1982 年，河北定州人。法学学士，管理学硕士，现为中央司法警官学院讲师。主要研究方向为人力资源管理、继续教育培训与管理，主持并参与省部级课题 8 项，厅级课题 6 项，公开发表学术论文 10 多篇。

　　我国高等教育已经大众化，并将要普及化，我国已建成世界上规模最大的教育体系。我国高等教育是一个复杂的系统，国家教育发展研究中心将我国普通高校分为四种类型：研究型大学、教学研究型大学、教学型本科院校、高等专科学校和高等职业学校。

　　高校以服务区域经济社会发展为目标，着力培养高素质人才。普通高等学校培养人才定位于注重理论的实践应用，也就是说，高等教育定位于"应用型"，培养技术技能人才。高校应用型人才培养就是培养"一专多能"的应用型人才，在某一方面有精深研究或娴熟技巧，又在其他方面有所涉猎或具有一定程度的专业知识和技能。具有这种才能的人能从事多种工作，是一定范围内的多面手，能够从一个生产部门转到另一个生产部门，从一种工作岗位转到另一种工作岗位。

　　高等教育肩负着培养应用型人才的重要使命。近年来，我国高等教育规模快速发展，质量有了较大的提高，但是还不能完全适应经济社会快速发展的需要，学生的实践能力和创新精神有待加强，教师队伍整体素质有待提高，人才培养模式、教学内容和方法需要进一步改革与创新。因此，迫切需要采取切实有效的措施进一步深化我国高等学校教学改革，提高人才培养质量，更好地满足经济社会发展对应用型人才的需要。

　　本书主要是对高校应用型人才培养与实践教学改革进行了研究，共有五章内容，第一章是高校应用型人才培养概述，主要从三个方面进行了论述，分别是高校应用型人才培养的理论基础、高校应用型人才培养的教育理念、高校应用型人才培养的路径探索；第二章是高校应用型人才培养模式概述，主要从三个方面进行了论述，分别是高校应用型人才培养模式的内涵、高校应用型人才培养模式总体设计、高校应用型人才培养模式创新理论；第三章是高校应用型人才培养模式改革，主要从三个方面进行了论述，分别是高校应用型人才培养模式改革理论思考、高校创新创业应用型人才培养模式改革、高校校企合作和产教融合应用型人才培养模式改革；第四章是高校应用型人才培养实践教学改革依据，主要从三个方面进行了论述，分别是高校应用型人才培养实践教学改革的目标和原则、高校应用型人才培养实践教学改革的评价体系、高校应用型人才培养实践教学改革的教师队伍；第五章是高校应用型人才培养实践教学改革，主要从四个方面进行了论述，分别是高校应用型人才培养实践教学课程改革、高校应用型人才培养实践教学德育改革、高校应用型人才培养实践教学模式改革、高校应用型人才培养实践教学管理和质量保障体系改革。

在撰写本书的过程中，作者得到了许多专家学者的帮助和指导，参考了大量的学术文献，在此表示真诚的感谢！由于作者水平有限，本书难免存在一些疏漏，在此，恳请同行专家和读者朋友批评指正。

冯景

2022 年 10 月

目　录

第一章　高校应用型人才培养概述

本章的主要内容是高校应用型人才培养概述，主要从三个方面进行论述，分别是高校应用型人才培养的理论基础、高校应用型人才培养的教育理念、高校应用型人才培养的路径探索。

第一节　高校应用型人才培养的理论基础

中国高等教育逐渐进入大众化教育阶段，中国高等教育发展逐渐朝着多样化的方向发展，并成为高等教育发展的主要特点，本科院校处于研究型大学与职业型院校中间，逐渐成为中国高等教育体系建构的一支无可取代的中坚力量。对高校应用型人才培养的起点、范畴、特性及发展模式等问题进行研究与探讨，恰是新时代高等教育多样化发展与高等教育的强国建设中一个无法回避的重大理论问题。

一、高校应用型人才培养的起点范畴与特征

范畴是人的思维对客观事物普遍本质的概括反映，[①]任何科学理论都包括在范畴体系中，科学理论所研究的一切对象正是通过范畴体系得以揭示。研究范畴、学科体系和研究范式是范畴水平上的学理研究涉及的特有的范围，在这一层面上，逻辑起点上范畴的生成向人们呈现出人们对于对象理解更为深入的理论层面，它是构建理论范畴体系的依据，也是一个学科走向成熟的标志。虽然目前还未能实质性展开有关高校应用型人才培养逻辑起点的讨论，但是在梳理相关研究后不难发现，代表性的观点主要有三种：第一，专业性应用教育起点论；第二，技术教育起点论；第三，应用型教育起点论。这些看法虽然彼此相近但又存在观点的出入，对逻辑起点理解的不同是导致观点发生出入的深层次因素，体现出现有的研究水平还停留在前科学时期，仍需在实证层面上进行深入研究，在理论水平上逐渐走向成熟阶段。我们还应该清醒地认识到不同逻辑起点理论体系共存的可能性与必要性，但在研究的过程中，还应该把逻辑起点和研究起点分开。研究起点为现实感性具体的事物，逻辑的起点为抽象存在；研究起点是贯穿于整个研究过程中的一个直接前提，作为研究结果而存在的全部逻辑体系之起点就是逻辑起点。作为一门科学或学科认识的起始范畴，逻辑起点的客观规定性要求它不能因为人

---

① 商务国际辞书编辑部.现代汉语词典［M］.北京：商务印书馆国际有限公司，2017.

的价值取向的变化而更迭，不能因为人的理论视野的差异而改变。为此，需要对高校应用型人才培养起点这一概念内涵进行确定，从而完成对这一概念基本特征的界定，并形成一个相对合理的学术语境与理论导向。

（一）高校应用型人才培养的起点范畴

在对逻辑结构的研究中，逻辑起点是理论研究的一个起始范畴，它有利于人们对理论体系中形成的基本线索进行梳理，并在此基础上认识学科之间在本质上存在的区别，帮助人们对学科独特的研究范畴进行划分。黑格尔在《逻辑学》一书中关于逻辑起点的三个规定，至今仍被研究者普遍接受为逻辑起点的应该是一门科学或者是一个最为简单、普遍和抽象的学科范畴，而且还属于起始范畴的类别。客体最本质的规定能够被逻辑起点揭示出来，在学科的发展进程中，逻辑起点的内在隐含着该学科体系所有矛盾的"胚芽"，即：逻辑起点能够作为整个学科体系赖以建立的根据、基础，展示具体而丰富的未来趋向，演绎出一系列的后继概念。逻辑起点应与它所反映的研究对象的历史起点一致，应在历史的起源上凝结为理论叙述起点的逻辑范畴，体现历史与逻辑相统一的原则。[①]大家都知道，马克思在《资本论》中的逻辑出发点恰恰是"商品"这一最为简单而又最为抽象的客体，进而对资本主义经济形态进行了深入探讨。马克思论证了"商品"是资本主义经济中孕育一切多样性的胚芽。借用《资本论》中关于"商品"这一范畴的解析和规定，逻辑起点应该具有以下两方面的特点：第一，逻辑起点应该和研究对象相一致，并由此形成的中心范畴或逻辑基项能够为其他的范畴奠定发展的基石和轴心。第二，逻辑起点可以利用"直接存在"的形态来实现对某种社会关系的承担。就像《资本论》里"商品"范畴除了能够将它的效用价值进行充分体现，还体现着商品交换所具有的社会价值，这两个价值属性是共存的，彼此不可或缺。

基于这样的认识，我们认为，"专业性应用教育"应该是高校应用型人才培养的逻辑起点，即高校应用型人才培养应该是"建立在普通教育基础上的专业性应用型教育"。其原因在于将这一逻辑作为起点，"高校应用型人才培养"的核心理念就可以借助专业性应用教育规律、专业性应用教育原则等中介概念来实现，

---

① 黑格尔.逻辑学［M］.北京：商务印书馆，1966.

最终达到逻辑终点——专业高校应用型人才培养目标、培养模式及实现方式。全过程遵循着由抽象到具体的逻辑思维方法，从最基本、最普遍、最抽象的起始范畴循序渐进地展开，逐步演绎为比较具体、比较全面、比较有内涵的终点范畴，形成一个严密的范畴体系。

第一，就高等教育性质而言，它是在普通教育的基础之上发展起来的一种专业性教育，其目的在于培养、造就各类专业人才。高等教育的根本属性和本质特征由专业性教育来代表。高层次专业人才有各种类型，既包括学术研究型和工程研究型人才，又包括工程应用型和技术应用型人才。所以，作为专业性教育的高等教育，它在专业性教育方面既可以是精英学科型的，也可以是大众应用型的。对于当下中国高等教育来说，精英高等教育和大众化高等教育都归属于以普通教育为主的专业性教育，二者代表了高等教育中的两大分支，代表了高等教育发展的两种取向，高等教育学科中的某些基本理论与原理为二者共同适用。

高校应用型人才的培养性质使"专业性的应用教育"可以成为一个最基本、最普遍、最抽象的起始范畴来揭示它不同于学科性专业教育或者职业性专业教育在逻辑起点上的"最本质规定"。尽管研究对象的本质规定可以在技术教育、工程教育乃至应用型教育这些概念范畴上得到一定程度的揭示，但作为起始概念范畴，它们或内涵略窄或外延过于宽泛，很难呈现出具有最基本性、最普遍性、最抽象性特征的高校应用型人才起始范畴。

第二，从高等教育价值取向上看，尽管高等教育基本的价值属性由专业性与高深性构成，研究高等教育所有问题的学问、所有现象的逻辑起点是高深的专门知识（expertise），但是从应用型专业性教育和学科型专业性教育交错发展的价值导向来看，学科型专业性教育突出了自身基础性和广博性、普适性与非职业性的特点，应用型专业性教育则突出专门性、针对性、实践性与行业性的特点。所谓专业，就是按照学科分类及社会职业分工的要求，分门别类地从事高深专门知识教与学的基本单位。专业与学科分类、社会职业分工相对应，学科分类与社会需求构成了专业产生的重要基础。学科有其特定内涵：一是学术的分类，指一定科学领域或一门科学的分类（discipline），如自然科学中的物理学、生物学，社会科学中的经济学、教育学等；二是指教育的科目（subject）。[①] 无论是何种"学科"，其性质均为成系统的知识分类体系，而高校对专门人才培养的最基本的教育载体就是专业。学科属于知识的范畴，专业属于教学的范畴；学科以专门的科学研究为指向，专业以行业或者职业分工为指向；知识发现与创新是学科发展的目标与价值取向，培养适应社会需要的专业人才是专业建设的目标取向。以上这些为我们呈现了各种类型的高等学校其内部学科发展与专业建设各自最本质的特征。应用型高校的学科专业建设既应当注重以成熟的学科建设为依托、以相对完备的学科体系为基础，又需要以稳定的行业需求为导向、以职业岗位为基石，强调专业应用型人才培养的目标，把专业建设与学科建设作为重点和支撑，一手抓好专业建设，一手抓好学科建设，注重将行业背景分析与专业走向作为发展基础，根据职业岗位群实际需求，建立行业针对性强、适应性强的专业结构群作为专业应用型教育人才培养体系，构建由学科带头人领衔的专业教育团队，并建立起关键性的持续竞争优势。

因此，从应用型专业成长的基本规律出发，整个专业应用型教育的理论和实践体系的全部内容都可以通过"专业性应用教育"引申出来，并且能够有效形成专业应用型教育体系的逻辑链条：由逻辑起点——专业性应用教育到专业性应用教育规律——专业性应用教育原理这样一个逻辑中介，最终达到理论体系的逻辑终点，即专业应用型教育目的、培养模式和实现方式。很显然，高校应用型人才培养其他概念范畴的逻辑基项和整个理论体系得以确立的依据、基础都是"专业性应用教育"，它论证了具体丰富的未来趋向并演绎了一系列后继概念。

第三，从高等教育源流上看，社会专业分工在不断细化，职业在不断演进，"专业性的应用教育"应该是伴随专业职业人才培养的专业性教育机构出现并早已有之的一个历史概念。欧洲中世纪成立的大学，在办学模式上已经初步具备一定的专业应用型特征。欧洲中世纪成立的大学以向人们传授专业教育为基本目的，当时的时代需要社会涌现出大量有文化的人才来填补社会上出现的人才缺口，而大学便顺其自然地接受着这样的使命。只有接受了一定程度教育的人，才能对学习法律、医学、神学、艺术等学科吸收得更快。大学的专业教育对人才的培养是

---

① 商务国际辞书编辑部.现代汉语词典［M］.北京：商务印书馆国际有限公司，2017.

为了训练出能够胜任专业工作的实践者。在当时的中国，虽然社会的主流价值观是"重道轻艺"，但"工欲善其事，必先利其器"①中表现出来的"器善观"却依然伴随着"六艺之学"和"畴人之学"流传千古。高等教育从中世纪大学发展到近现代的高等的专业学院，还有我国清末时期建立的京师大学堂都有悠久的历史。但"基于应用、讲求实务"，广泛地培育专业性应用人才，依旧是大学专业性教育首要的社会职能。

当今社会，经济和科技得到了快速发展，特别是新兴产业的发展更为迅猛，然而在现行高等教育体系中，依旧在人才培养及专业分布上存在不足。为了弥补这一不足，使人才培养的结构更加平衡，提高我国在国际上的竞争力，我国每个地区都开始在高等专业学院或者多学科技术学院的发展方面做文章。在普通高等教育体系上，这类专业性学院与一般的综合大学实现了共存，且相互弥补彼此的不足，成为高等教育的两大支柱。这类大学的出现表明了专业应用型逐渐成为普通高等教育的发展方向。由此可见，作为一种逻辑起点，"专业性应用教育"能够通过"直接存在"的形式，从其历史源流中凝练为理论叙述起点这一逻辑范畴，在历史起点上，这与它所表现的研究客体是相同的。

（二）高校应用型人才培养的基本特征

高校应用型人才培养要求的基本属性和本质特征都能够由专业性应用教育来代表，它与学科型专业教育或者职业型专业教育关于"本质规定性"之间的区别，就在于专业性教育在进行专业分设时，是将学科与行业相结合来划分的，这是为了能够向社会第一线输送专业应用型的高级专业人才，这种教育以行业的需要为主导，在属性上坚持把专业性作为教育的主线，类型上坚持把应用型作为教育的主体，层次上坚持把教学型作为教育的主流，模式上把实践性作为教育的主要载体，在类型上与偏重学科教育的普通大学接近，但在本质上二者有一定的区别，专业性教育的实质仍然是本科层次的、以普通教育为基础的、应用型专业性教育。这种教育对自身的专门性、针对性、实践性、行业性十分强调，其教育方向由行业确定，性质由专业确定，学科类型由社会应用确定，定位在教学，由实践确定

---

① 南怀瑾.论语中的名言［M］.上海：上海人民出版社，2019.

其"格"。具体来说，专业性教育表现出如下几个基本特点：

1. 高校应用型人才培养是以行业性为主导的教育

行业指向性是应用型本科院校服务面向的主要特征，也是应用型本科院校办学特色的根本途径。[①] 在行业办学方面，应用型本科院校多数都具备传承上的优势，在规划到地方管理之后，增强了大学办学空间的区位性或者与当地的适应性，但逐步减弱了大学自身在办学行业上的指向性或者与产业对接链，导致大学在纵向上失去了行业的支撑，在横向上失去了区位的服务。发展高等教育应当顺应高等教育在外部关系上的发展规律，应用型本科院校既要以当地发展为落脚点，又要放眼行业的发展。高等教育应该在更为合理的区位行业性背景下，根据自身的专业布局与行业特征的适应情况，按照行业需求开展人才的培养，使科技服务与行业功能相协调，构建具有鲜明行业指向性的需求驱动型发展模式，促进当地产业、科技、社会、文化等要素协调发展，不断拓宽空间，为特色办学打好基础，提升对当地经济社会发展的辐射力、贡献率，学会因地制宜，推进高校应用型人才培养和区位经济社会和谐发展。特别是在各区域分布的应用型本科院校，应根据其区位的不同，结合当地的地域特色以及行业发展的特定架构和背景，以科学、适当和实事求是的态度，来对办学目标体系的指标进行定位，并且要符合当地产业发展的实际情况，还要充分考虑学校本身的综合实力，不要一味追求高水准、高目标和高层次。

世界上各个国家的高等教育办学的实践经验证明，只有纳入行业的要素与标准，应用型本科高校才能使行业参与强度与深度得到有效增加，才能使自身的发展具有生命力。在法国，"大学校"和产业之间越来越紧密的关系对改革的进行起到重要作用。学校设置了专业课、实验课和实习课作为学习的主线，结合了毕业设计和生产实习，使得专业教育的链条在学程模式下得到了拓展，并强化与行业、企业界渗透融合，使独具特色的专业教育逐渐形成。同时，每年法国"工程师职称委员会"都会将委员会授予了工程师文凭的学校清单公开发布。现已获得科技类工程师文凭的"大学校"有170余所。学生不仅可在毕业后取得毕业证书，

---

① 王前新，刘欣．我国应用型本科教育学科建构的基本理论探讨［J］．中国高等教育评论，
2011（1）：185-197.

还可取得行业权威机构颁发的专业资格证书。毕业证书和资格证书相联系，使专业性教育表现的行业性得到强化，这是法国"大学校"重视并做好与行业及企业界的联系，最后实现成功办学的原因，这更是"大学校"的毕业生在就业时较为抢手的一个重要原因。在德国的中小城市和偏远地区，分布着高等专业学院，它们在设置专业课程时还要结合当地的人文、地理和行业结构。例如，沃尔夫斯堡是大众汽车集团公司的总部所在地，那里创办了汽车高等专业学院。把航运和船舶制造之类的高等专业学院建设在河海港口城市，体现出了这些专业学院对学院发展与行业合作的重视，整个实践教学过程由行业主导，对于人才的培养，行业企业也都全程进行了参与。这样既深化了专业性人才培养的产业和地方背景、增强了高校同相关行业企业之间的联系，而且从地方经济社会发展规划布局的角度出发，对当地产业结构、人力资源结构等方面的优化也产生了有利的影响，加强了行业性的就业能力，增加了国民人均收入，进而推进了学院的发展。由此可见，高校应用型人才的培养主要是针对地方、针对行业的人才培养，只有全面满足地方产业经济增长方式的转变要求以及产业结构的调整与优化的要求，密切结合地方社会经济发展特性及行业需求，以此为依据明确应用型专业教育的定位，才能使学校的人才培养能够适应地方社会经济发展，并且有效承担起支撑地方优势行业、支柱产业发展的重担，实现高等教育与当地社会经济协调发展的目标。

2. 高校应用型人才培养是以专业性为主线的教育

专业是高等学校开展培养各种高级专门人才的基本单元，它是建立在学科分类与社会职业分工基础上的。应用型教育的根本属性与本质特征都是由专业性教育来代表的。本科层次的专业性应用教育，以普通教育为基础，是高校应用型人才培养的核心。它与学科型或职业型专业教育有本质的区别。职业型专业教育，作为 5B 级职业技术教育，更强调职业岗位的针对性，注重专业定向和职业方向的紧密结合，以适应工作流程的职业能力为核心，强调专业设置的职业性属性，以及职业岗位的接口性和就业的针对性，主要培养生产一线或社会劳动终端的技术型和技能型人才。相比之下，学科型专业教育主要定位在科研或工程研究领域，更能反映其学术倾向性，是 5A1 级的学术型高等教育。它强调专业定向和学科研究方向的紧密联系，以适应基础研究的学术能力为核心，更重视专业设置中的学科性，强调理论知识的基础性、广博性、普适性以及非职业性，主要培养学术研究型人才或工程研究型人才。这些人才或是能够将客观规律总结作为科学原理，致力于科学研究；或者把科学原理转化为工程原理，致力于工程规划设计。普通大学教育以学科教育为重点，其与应用型专业教育可谓类型相同但本质不同的教育。应用型专业教育更加针对工程或技术应用领域，更为突出行业适应性的体现，属于 5A2 应用型高等教育。应用型专业教育对专业定向和行业走向的紧密衔接更为重视，重点突出自身教育适应工程技术和其他应用领域的专业能力，对体现专业设置行业性更为突出，更强调专业教育具有专门性、针对性、实践性和行业性，注重以培养能够将工程原理在社会实践中进行运用的人才，或者在工程管理与运用的工程应用型人才，或者把技术原理运用到生产实践；注重技术开发和现场管理，其人才培养特征主要指向职业带 CF 区域，也就是技术员和工程师重合的领域，目的是满足高科技应用以及智能化控制和管理第一线的工作需要，其培养的本科层次的专业应用型高级复合人才，具备专业性和通识性的特点。[1]

应用型本科专业教育是一种既以学科背景为依托又以通识教育为基础的专业性教育，它在专业内涵和专业结构上不仅突出了很强的专业应用型特征，而且学科基础也适中宽厚；既能够将凸显行业背景的应用型专业作为一个扎实的平台，也有体现一定学科背景的宽口径专业，或者能够明显体现其应用特点的主干学科及相关学科作为其强大的支撑。例如，在培养机械工程及其自动化的人才时，要有力学和机械工程这类主干学科作为基础支撑，同时要有电子科学与技术、计算机科学与技术以及经济学和管理学许多相关学科作为平台支撑。应用型专业教育培养出来的人同样具备创新精神和实践能力，而且他们还是拥有能够依靠扎实的学科基础理论来解决现实问题的高级专业人才。因此，应用型本科专业教育，一方面要对专业结构的优化引起重视，并以应用型改造为导向，实现在基础学科专业上的改造，在面对行业内有着较高的技术含量的通用型专业时，要通过宽口径整合和建设专业群进行强化。交叉型专业的特点是能够培养新型复合型专业性应

① 王前新，刘欣，喻永庆.国际视野下的专业应用型本科教育发展模式［J］.荆门职业技术学院学报，2007（10）：32-37.

用人才，因此要优先发展该专业。有些应用型专业能够为发展地方经济，甚至促进地方产业升级与支柱产业发展输送大量人才和技术支持。这样的专业要优先发展，并要全力打造，促使其成为优势专业和特色专业。另一方面，教育部规定了"培养基础扎实、知识面宽、能力强、素质高的高级专门人才"的总体要求。应用型本科专业在开展教学时也应当遵守该要求，建构独特的专业应用型人才培养方案并重点推进专业应用型人才培养模式全面改革。

3. 高校应用型人才培养的主体是本科院校

在高等教育逐渐向多样化、大众化发展的大背景下，由于本科院校对高等教育体系实行发展异质化的考虑，出现了"应用型本科""工程型本科""技术型本科"这类概念。在实际工作中，对本科院校类型的归属一直有一些争论，其焦点主要集中在以下两个方面：一是按照人才类型二分法的划分方式，把本科教育单纯划分为学术型教育与应用型教育，但这样的划分是不够科学的。在高等教育体系中，教育的构成应当由高科学教育、工程教育、技术教育三大种类构成，并将相应的学员培养成科学型、工程型和技术型人才。二是人才类型没有直接同教育类型产生对应，各类高等教育的主要目标就是完成对本科层次应用型人才的培养，但这一目标并非高等教育的唯一目标，还可通过各种教育类型以及各种方式完成应用型人才的培养。在我们看来，简单地把本科院校定位于"应用型本科"，虽然在类型上能反映出与学术型本科在发展上的错位，但是这样造成了外延过于宽泛的情况，很难对教育的类型、结构以及自身的属性进行定性，与其他相关的教育类型也有着明显的区别。但如果定位为"工程型本科"或"技术型本科"，又把外延变窄了，这样可能只能与部分本科院校的校情相符，却难以将多元的本科院校教育类型全部包含，并且还很容易将学术型教育所体现的内在属性和价值指向与应用型教育混淆。在此，特别需要从逻辑上严格区分教育"学术型"和"应用型"。

应该看到，"应用型"是存在于全部高等教育类型中的一个基本属性，但是不能单纯把拥有"应用型"特征的教育视为"应用型"教育。划分教育类型主要是根据人才类型内在属性以及自身的价值指向。若学术型教育以应用型人才培养为主，或者应用型教育以学术型人才培养为主，则教育的性质和类型都会产生质变。虽然当下各类人才类型的边界已经逐渐难以分清，人才之间在各个方面的重叠交叉已经日渐拓宽，各类高校中已经很难再见到实施单一教育类型和人才培养类型的情况，然而这类重叠交叉应该是建立在非本质扩展特征的基础之上，不同的教育类型和人才类型，他们的主导地位以及核心价值属性，在实质上是不可能被颠覆和涵盖的。

我们根据上文的分析，作出了倾向二维界定法的判断。换种说法就是，对地方本科院校教育类型的划分通过高等教育的性质与类型这两个维度来界定。第一，高等教育的根本属性由专业性来代表，而高等教育本身具有学科性专业性教育和应用型专业性教育两种属性，两者不仅在职能属性有差异，还在培养方向上存在不同。培养高深学问的高层次研究型人才，是学科性的专业性教育的标志；培养能够使社会需求多样化的情况得到满足的高素质应用型人才，是应用型的专业性教育的标志。应用型的专业教育应当是本科教育的主要定位方向，在类型上与侧重学科性研究的普通大学教育相同，但在性质上二者存在着差异。第二，根据"学科性"或"应用型"所表现出的主导性价值取向可以看出，学术型与应用型是通常情况下高等教育类型划分出的两大类型。作为上位概念的学术型教育，其所包含的范围有学术研究型、工程研究型和技术研究型教育。而同时作为上位概念的应用型教育则包含了学术应用型、工程应用型和技术应用型教育，在类型指向和性质上能够体现出二者的区别。如果将学术型或研究型高等教育（含工程科学教育）依据国际教育分类标准划分，在高等教育中应属于 5A1 型学科性研究型，而如果对工程应用型和技术应用型高等教育也依据国际教育分类标准划分，在高等教育中应属于 5A2 型专业性应用型。高校应用型培养出的人才大部分都属于上面的二者之间。因此，其教育类型定位应以专业性为特征，以应用型为主体。

4. 高校应用型人才培养是以教学型为主流的教育

我国本科院校将大学的类型划分为研究型、研究教学型、教学研究型、教学型 4 个类别。研究生教育是前两个层次的主要体现，或者说本科教育和研究生教育都可以体现前两个层次，这两个层次的教育重点是对基础方面的研究以及创新科技的研究；后两个层次则是多体现在本科生的教育阶段，这两个层次的教育重点是对应用领域的研究以及提供科技服务。目前，高等教育发展呈现出多样化发展的必然趋势，其发展水平和趋势都能通过高等教育流层结构体现出来，决定这一情况的主要是国家的经济技术结构、产业结构和社会结构。学术型大学与应用型大学如果想从教学型大学转变为研究型大学，要基于它们所属的类型才能进行层次上的提升和跨越，但是这种改变必须是建立在符合高等教育发展的内外规律的基础上，它必须建立在教育资源传承的优势之上、建立在教育的核心能力之上、建立在自身学术资源积累之上、建立在社会人力资本的需要之上。随着高等教育愈发呈现出多样化、大众化的特征，对高等教育大众化的重任应用型本科院校当前必须肩负起来，担负起培养大量高素质专门人才的使命。它担负着为区域经济社会发展提供服务的神圣使命，要基于"应用型为主"的类型定位与"教学型为主"的层次定位，着眼于在战略层面上实现价值理性与特色创建。目前，社会对专业应用型高等专门人才的需求十分迫切，我们就应当把学校的核心价值与最终追求定位到培育这些人才上来，寻求实现高等教育大众化发展的新模式，使关键性的持续竞争优势逐渐形成，最终真正完成对学科型教育的跨越以及应用型专业人才的培养，这样才能引导学校抓住社会的流向，实现错位发展，提高办学水平，展现办学特色。

以教学型为主体的本科院校，教学中心地位的确立是这些院校的第一大特征。而应用型教育的特点是通过对专业性人才的培养模式来彰显的。教育思想与教育理念能够被人才培养模式集中反映，人才培养所呈现的特性与方向都是被人才培养模式在根本上规定好了的，人才培养模式是培养目标、培养方案、培养途径与培养方式等各种教育元素的综合反映与规范样式。

在培育高校应用型人才上，所采用的教育模式应当先按照本科阶段教育要求的学业标准确定其培养目标与质量规格，对工程和技术应用型人才的特殊要求要进行充分体现，注重以适应工程技术应用领域的专业应用能力为重点，本着通识教育和专业教育相互渗透、理论教学和专业实践有机结合的目的，构建专业能力与素质拓展齐头并进，注重创新精神与实践能力发展的理论教学体系、实践教学体系、素质拓展体系及其培养方案制订等。要正确处理学科建设和专业建设、通识教育和专业教育理论教学和实践教学以及基础课程和专业方向等方面的关系，更要重视应用型课程体系和教学内容的整体优化，将课程体系作为一个有机整体来培养专业应用型人才，实现传统学科导向型课程模式的根本转变。要把在工程和技术中应用型专业对人才的特殊需求进行充分体现，重点突出适应工程技术应用领域的专业应用能力，并按通识教育向专业教育渗透、理论教学结合专业实践等原则构建能够实现专业能力与素质拓展齐头并进的理论教学体系、实践教学体系和素质拓展体系，并通过制订合适的培养方案来培养学生的创新精神与实践能力。要注意对学科建设和专业建设、通识教育和专业教育在理论教学和实践教学上出现的问题以及在面对基础课程和专业方向的关系上进行妥善处理，更要重视从整体上来优化应用型的课程体系和教学内容，将课程体系作为一个有机整体来着手专业应用型人才的培养，从根本上改变传统学科导向型的课程模式，探索应用导向型的"学科基础平台——专业模块平台——素质拓展平台"一体化课程模式；培养途径也应有多样性的选择，分段培养、学程分流（如3+1、2+2模式）、实习实训、产学结合、弹性学制等培养方式与制度的改革，应切实创建专业应用型人才培养模式的实践范式和大众化高等教育的特色范式。

以教学型为主要特征的本科院校，更应将学科建设以及科研效能的重要性重视起来。大学是依托学科而构建的学术组织，对教学、科研与社会服务进行承载的基础就是学科，学科还是地方本科高校提高人才培养水平与科学研究水平的重要基础，是发展专业建设优质资源的重要基础，是能够体现出学校核心竞争力的提升，展现学校办学实力的显著标志。地方本科院校要想实现发展，就应当把培养专业应用型人才作为前进方向，以建设优质的专业项目为基础，让优秀的学科建设作为学校发展的支撑，注重建设一支优秀的教师队伍，真正做到一手抓应用研究，一手抓科技服务，形成关键性、持续性竞争优势。

二、高校应用型人才培养的战略意义

当下社会呈现出经济和产业结构不断调整的特点，技术发展也在不断提速，并且愈发呈现出综合化的特征。这对于学生学习能力和学位层次也有了全新的要求和挑战。重视操作能力或者是只重视技术、对理论基础的重要性认识不足的高职高专和仅重视理论知识而对实操能力的重要性认识不足的常规本科院校均不能适应科学技术发展的要求。所以，当前应用型本科对人才的培养就应该注重理论与实践并重，使培养出的人才成为复合型人才，这样的学校才能在高等教育的子系统中扮演重要的角色。而应用型人才的培养无论是从理论的角度分析，还是从国内外高教发展实践的角度分析，都有着十分重要的战略价值。

（一）高校应用型人才培养是对学术性与职业性二元对立状态的终结

应用型本科院校在办学类型上将自己定位成了教学研究型，而其在人才的培养上更多是将自己的培养目标与市场和生产一线的需求挂钩，定位成应用型普通本科院校。这样的定位是因本科的办学层次以及对应用型人才的重点培养两个维度而决定的。当培养应用型人才这一理念被引入，就打破了原来学术性和职业性二元对立的结构，一举奠定了应用型的独立地位。可以认为，高等教育中的学术性教育和职业性教育没有在内涵上呈现对立，在学理上二者也不存在孰优孰劣的区分。学术性是大学在教育目标上追求纯学术、纯知识的倾斜，职业性则是大学在教育目标上追求知识的技术性或应用型的倾斜。学术性和职业性本来是教育实践中的两种偏向，除此之外，教育实践中还存在着许多其他的过渡与中间状态。学术性和职业性在教育实践中，是可以进行结合的，比如在同一所机构中就能够进行将二者结合的过程。关于大学的分类，联合国教科文组织在其《国际教育标准分类法》中就把高等教育分为第一阶段（相当于专科、本科和硕士生教育）和第二阶段（相当于博士生阶段），而第一阶段又分为理论型（5A）和实用性、技术型（5B）两大类，其中 5A 相当于我国的大学本科教育，既包括为研究做准备的学科理论类（如历史、哲学、数学等）的 5A1，也包括以从事高技术要求为方向的专业理论类（工、农、医等）的 5A2，参考联合国教科文组织的分类。

美国有一种工程技术教育（ETE），它与工程教育（EE）不同，但两者都有本科；德国高等专科学校与我国的本科教育属于同一层次，其培养的方向是应用型人才；高校应用型人才培养在新加坡和我国台湾地区均已有相当规模。结合我国目前情况，综合性研究型大学对应的是 5A1 类高校，而多学科性或者单学科性的大学或学院则对应的是 5A2 类高校，我国高职高专教育对应 5B 类高校，5A2 类高校处在研究型大学（5A1）与职业型院校（5B）之间，应用型本科高校对应的就是 5A2 类高校。综合以上分析，不论从学理性的角度方面还是按照我国现有的各个院校的类型及各院校办学的层次方面，都认为本科院校应用型人才培养是突破高等教育系统中这一传统两极力量——学术性（研究型大学）和职业性（高职高专）的中间力量。如果从学理上进行具体分析，本科院校对应用型人才的培养还使学术性和职业性之间的对立状态得到一些缓和，使理论和实践、学术性和职业性实现了完美的融合。在实践上，应用型人才在本科院校的培养是对高等教育类型结构进行调整的表现，这样的调整使院校的定位更加明晰，推动高等教育结构走向科学化和合理化。

（二）高校应用型人才培养是对"重文法、轻理工"的调整与纠偏

在我国应用型人才培养始终贯穿在大学教育中，自 20 世纪初经学日渐式微，法政、工商、医、农等应用型学科盛行至今，至民国时期做出的一系列实验，试图将高等教育引向农村，以及延安时期将教育同现实实践相统一的过程，都说明了中国大学教育中应用型的存在，体现了应用型同生产劳动、生产实践紧密结合的特点。

中华人民共和国成立以来，高校中的文科类专业和理科类专业在培养目标的选择上经历了多次转变，均逐步向应用型转变。例如，文科类专业人才培养经历了以培养"干部"为主要目标转向以培养"专家"为主要目标，再向以"实际工作者"为主要目标的转变过程。但是工科类专业和院校中，历来都是更加注重培养应用型人才，从综合人才培养目标和类型上看，这里说的工科类院校（高等工业学校）就与应用型本科在本质上是一致的。而从 20 世纪 50 年代至 80 年代，我国高校基本上是以工科类院校为主体。

清华大学在当时是一所多科性的新型工业大学，高等教育部在 1954 年颁布的《关于清华大学工作的决定》中明确指出清华大学的一项重要任务就是要在设计、建设和管理方面培养有较高水平的工程师。从数量上看，20 世纪 50 年代初期，我国在对苏联进行全面研究学习的背景下，对大学院系进行调整，一大批单科性高校根据生产部门业务的需要建立起来，例如，一些工科类和农林类高校。由于我国当时的工业化发展之路是以重工业为主，所以国家对于工科类院校进行了重点建设。1953 年，在我国 181 所高校中，工业高校有 38 所，数量位居单科类高校之首，此时全国仅有 14 所综合大学。此时的工科类院校不仅是拥有较多的院校数量，而且有着明确的培养目标，地位十分重要。

我国首批重点院校在 1954 年确立，到 20 世纪 70 年代后期，偏重应用型的工科类院校在重点高等院校中所占比例依旧很大，通过对有关文献资料的查阅，可以看到在人才培养层次上，本科层次集中了这些工科类院校培养出的大部分学生，同时还有少数的研究生层次及专科层次。工科类院校作为各类院校的类型之一，是对"重视文法，忽视理工"的高教模式的一次大调整，在高等教育体系中工科类院校的地位由此确立，并且培养出一大批为我国的工业化建设发挥了巨大作用的应用型人才。

在 20 世纪 80 年代成立的北京联合大学应用文理学院等一批学校，它们就提出了"发展应用型教育，培养应用型人才，建设应用型大学"的办学宗旨。这些学校的成立体现了大学的专业设置逐渐从基础研究型转变为应用复合型，闯出了一条既遵循高等教育自身发展规律，又能使社会的发展需求得到满足，凸显了自己的办学特色，在社会上获得良好声誉，这些院校的出现为地方院校的发展树立了榜样。我国地区与地方产业结构实施了非均衡化发展的战略，并且管理体制改革在高等教育中的不断深化，为应用型人才培养在本科院校的推行提供了重大机遇。

尤其是高等教育逐渐向大众化发展的背景下，为满足我国区域经济发展的需求，加之部分应用型本科院校积极发挥榜样作用，各地的新建本科院校纷纷进行了转型，采用大力培养应用型人才的策略，从而使自身生存和发展空间得到了拓展，取得了较好的社会效果。也就是说，应用型本科院校在人才培养类型与层次上，主要承担了高级应用型人才的培养任务，成为促进区域经济发展重要的推动力。当前我国应用型本科院校的数量也在不断增加，伴随着我国高等教育向大众化发展的步伐不断加快，特别是在 1999 年高校实施大扩招后，为了适应社会需求的日趋多样化，教育部于 1999—2008 年共批准设立普通本科院校 208 所，使得全国本科院校数量达到 720 所，其中有 28.89% 的本科院校是新建成的，并且很多学校是对单一的高职高专学校进行了"专升本"或者多所高校合并而成，呈现出明显的行业办学特色；有的多科性院校是一些学校合并后由高等专科学校升上来的；有的是本科层次大学分校，起点较高。其中部分应用型本科院校仍是原全国示范性高等工程专科学校之一，具有自身突出的办学特色与明显的办学优势。

（三）高校应用型人才培养建设是提高国际竞争力的战略需要

《国家中长期教育改革和发展规划纲要（2010—2020年）》指出，要"借鉴国际上先进的教育理念和教学经验，促进我国教育改革发展，提升我国教育的国际地位、影响力和竞争力"。

从世界范围内观察高等教育的实践和发展，我国应用型本科的建设的目的也是中国本科教育接轨国际，从战略角度上帮助中国的高等教育获得竞争力上的提升。自20世纪90年代开始，全球高校领域呈现出一些较为普遍的发展趋势，其中的一个变化最为突出，就是部分发达国家与地区的高职院校相继晋升为科技大学或者应用科技大学等，但是在这些高职升格之后，它们的发展路径却产生了差异。德国和芬兰在职业教育的开展上较为成功，它们依旧保持对高职教育特点的传承，走出了一条应用型本科的道路。例如，在21世纪初，德国就有一些高等专科学校晋升为科技大学，现在已经有7所高等专科学校获得了升格，其英文名为University of Applied Science，此类高校不仅可以培养硕士学位的人才，甚至还可以培养博士学位的人才。多科性应用技术大学的办学目标是对学生进行就业技术培训，使他们能够实现学习到工作的平稳过渡。与普通大学相比，职业特色充分体现在应用技术类大学的学位上。它所开设的专业很符合工业企业和商业企业的发展需要。例如，在芬兰纳特应用技术大学中，75%的本科生毕业论文都是根据某个公司的需求定制的。

（四）高校应用型人才培养是我国高等教育发展实践的现实抉择

高校转向应用型人才的培养道路给那些从高职高专升格上来的学校发展指明了发展的方向和途径，同时对于促进高等教育逐渐向大众化发展，为地方经济的发展提供助力，对将我国建成高等教育强国也具有十分重要的现实意义。

1. 高校应用型人才培养可为新建本科院校发展指明方向

如何建设一所应用型本科学校，这是目前新建本科院校取得进一步发展迫切需要解决的问题。回顾和跟踪高等教育的发展历史，可以吸取很多国际上的高校在发展高等教育过程中的经验和教训。认真审视历史上中国的教育发展以及高等教育目前所遇到的挑战，结合我国现阶段社会经济发展对于教育提出的要求和期望，能够给予我们很多启示。那些新建本科院校，特别是由高职高专提升上来的本科院校，对自身的内涵建设是自身进一步发展应明确的题中之义，要不断对浓缩学科与专业特色进行提炼和总结，坚持向应用型本科持续发展。唯其如此，才有可能在突破原有高教系统基础上，实施错位发展的战略，形成优势互补，拓展自己的生存和发展空间。

2. 高校应用型人才培养是加快我国高等教育大众化进程的需要

中国的高校按照中国高等教育机构的行政隶属关系进行划分，可划分为中央属普通院校、地方普通本科院校与高职高专三种类型。在中国高等教育机构中，地方管辖的本科院校处于中间层次，在中国的本科教育中占据着主体地位。而我国院校应用型人才的培养也是更多地依赖地方本科院校。资料表明，我国高等教育原来是精英化教育，后逐渐向大众化教育转变，在这一变化时期，地方本科高校是高等教育这一改革的主战场，目前已为国家培养本科生 75% 左右。[①] 特别是在我国高等院校已经建立起来的分类指导体系及建设与评价体系愈发呈现出多层次、多类型的情况下。"211"项目第三期工程业已启动，这一战略的初步设想是对能够实现"适应所在地区发展需要和主要面向所在行业，并起到骨干和示范作用"的 100 所高校进行重点建设，该战略提出高等教育的发展方向要面向地方、面向行业，这就意味着一些"211 工程"院校要向地方性本科院校转型，即有相当规模的"学术型"本科高校将要向"应用型"本科高校转变。只不过有些高校有着较长的办学历史以及较强的科研基础，需要转变为应用型大学的时间相对长一些。但是应当明确的是，应用型本科才是大部分高校最终的归宿。所以，若将"根据市场需求来培养人才"的那部分"211 工程"高校算进去，则广义上的应用

---

① 吴朝霞. 利益相关者视域下我国地方院校筹资机制的研究 [D]. 武汉：中南民族大学，2008.

型本科院校数量将会得到进一步扩大，它们将更多地去担负起高等教育向大众化转变的重任。

3. 高校应用型人才培养是地方社会经济发展的助推器与中坚力量

服务地方经济发展是高校的职能之一。[①] 根据管理体制上的行政隶属关系，地方院校又分为教育部门的院校和非教育部门的院校。近年来，我国高等教育发展一大特点和趋势就是其地方化趋势。对高校的管理归属于地方政府的也决定了高校的投资者和管理者转变为地方政府。因此，应用型本科院校为了能够争取地方政府与当地社会力量的更多支持，在人才培养、科学研究与社会服务等方面需要更多地以地方经济社会发展为中心来开展工作。

就大学招生而言，应用型本科院校应当按照立足于地方、服务于地方的定位，更多地招收院校所在省、市的学生。应用型本科院校在专业设置上应当与当地的社会经济发展密切结合，其中包括与当地经济产业结构调整的合作，学校的扶持与需求对当地产业结构升级的帮助和需求，通过若干横向研究课题，使学校与社会的关联得到增强，为区域经济发展培养了人才。具体而言，应用型本科院校不仅突出了综合性研究型大学对研究的侧重，还注重培养学生掌握和学习基本知识与基本技能，同时也针对高职高专学生的动手能力强的特点予以重点培养，注重学生对技术的运用与实施。应用型本科实现了两大教育层次及种类的融合，使理论与实践在高等教育上实现了高度一致，使各高校培养出来的高级应用型人才能够促进地方社会经济发展，为产业结构的发展服务，为工业服务，能够直接在工程领域中的生产、施工、管理和服务等一线处理实际的技术问题。进一步推动地方经济社会发展，带动地方产业结构升级优化。

大学和社会关系不是其中某一方就能顺利搭建起来的，需要应用型本科院校和地方政府、当地社会形成良好的互动往来。从实践效果看，应用型本科院校通过与当地企业、政府长时间的交流与合作，良好的合作关系已经形成，逐渐能够为当地的高新技术产业发展提供更多支持，同时还能够为传统技术的改造提供服务，逐渐成为推动当地经济发展与社会变迁的主要力量。而且学校本身的学科及

① 田秀红，颜冰，高雅斌，等. 充分发挥地方高校对地方经济发展的服务作用［J］. 青年文学家，2011（20）：195.

专业也因为与行业及企业的不断合作，强化了自身的优势专业和特色学科，有些特色学科、专业甚至已步入国内领先水平。

　　同时，这种与研究型大学和高职高专在人才培养类型或层次上的错位发展战略，不仅为其自身的发展拓宽了经费来源渠道，也在很大程度上为高校应用型人才培养的发展赢得了更广阔的发展空间。可以说，地方本科院校赖以生存和发展的土壤就是当地的行业和企业，地方本科院校要坚持发展应用型学科和专业，这是它们能够持续发展的动力和源泉。

第二节　高校应用型人才培养的教育理念

高等教育的培养目标能够通过人才培养的教育观念体现出来，这中间包含了高等教育改革、发展的取向，在人才培养活动中发挥着方向指导和理念统领作用，在人才的培养质量方面，它还能够决定其初值条件。

近些年来，我国高等教育改革发展创新的力度加大，取得了举世瞩目的伟大成就，但是，面对全面建成小康社会，尤其是决胜全面建成小康社会、实现中华民族伟大复兴的中国梦的新要求，我们一定要清醒地认识到高等教育面临的问题和挑战。这就要求我们必须以科学发展观特别是新发展理念为指导，在平时要善于利用高等教育的创新发展理念作为解决问题的手段。

党的十七大报告提出，科学发展观的基本要求是全面协调可持续。[1]科学发展观把全面、协调、可持续发展作为衡量发展的基本尺度，强调发展不仅要重视经济增长指标，而且要重视人文指标、资源指标、环境指标和社会指标，坚持把经济增长指标同人文、资源、环境和社会发展指标有机结合起来。科学发展观澄清了发展认识，丰富了发展内涵，创新了发展观念，开拓了发展思路，指明了发展方向。科学发展观是我国高等教育改革与发展的战略指导思想的重要组成部分。

党的十八届五中全会提出创新、协调、绿色、开放、共享的新发展理念，是对经济社会发展规律探索的最新成果，是对时代发展至当前阶段出现的新特征、新要求的反映。

在新常态下，经济增长新动力的培育需要以创新发展为途径，使推动发展动力的问题能够得到解决；重视协调发展，抓住发展的健康性，并以此为核心；坚持绿色发展应当以发展的永续性为核心，重视人与自然的和谐相处；坚持开放发展的重点是对国际国内两大市场和资源的合理利用，要注意在内外联动上的开发和问题解决；坚持共享发展就要以社会主义本质要求为核心，以发展目标为导向，以破解社会公平正义问题为重点。新发展理念分别对应了新发展理念下五种价值

---

① 刘先春.科学发展观的基本要求是全面协调可持续 [J].思想理论教育导刊，2008（3）：28-30.

观念。新发展理念相互影响，把握了五种发展理念不仅能找到受到制约的发展所面对的困难与症结所在，而且能够针对那些症结提出解决的办法与策略，使发展思路得以厘清，才能不断转变发展方式，找到发展的重点。党中央提出新发展理念，就是要加强顶层设计和整体谋划，增强发展的关联性、系统性和协同性。五种发展理念是我们党关于发展理念的又一次创新升华。

党的十八大以来，党中央根据世情、国情、党情的新形势新变化，立足治国理政全局，提出了全面建成小康社会、全面深化改革、全面依法治国、全面从严治党的战略新思想，形成了"四个全面"的总体战略布局。"四个全面"战略布局，抓住了改革发展稳定的关键，确立了新形势下党和国家各项工作的战略方向、重点领域和主攻目标，适应了时代发展和当今中国社会进步的内在需要，体现了加快发展中国特色社会主义的新要求。"四个全面"是彼此关联、相互内嵌、环环相扣、相互贯通的。在"四个全面"战略布局基础上，党的十九大报告作出了新时代中国特色社会主义发展的整体战略安排。在新时代和新的历史时期，高等教育要认真学习和深刻领会"四个全面"战略布局，尤其新时代中国特色社会主义发展的战略安排的思想精髓和精神实质，紧紧围绕"发展、改革、法治、反腐"的主题，大力推进高等教育发展理念的创新和高等教育的综合改革。科学发展观和五种发展理念，一脉相承，主题主旨相通，目标指向一致，统一于"四个全面"战略布局，尤其是统一于新时代中国特色社会主义发展的战略安排中，统一于中国特色社会主义的伟大实践中，统一于"两个一百年"奋斗目标和中华民族伟大复兴的中国梦中。因此，高校必须主动服务和落实好"四个全面"的战略思想与布局，树立新发展的理念，统领改革与发展工作，并以此解决当前发展中遇到的新问题和新矛盾，实现科学发展和创新发展，最终实现包括应用型创新人才在内的创新人才培养这一中心工作和根本目标。

实施创新驱动发展战略必然对高校创新发展理念、走改革创新之路以及培养创新人才包括应用型创新人才提出新的要求。其中一点，就像清华大学教育研究院林健教授在其《新工科建设：强势打造"卓越计划"升级版》一文中所说的："主动服务国家提出的一系列重大战略是新工科建设的出发点。为了实现中国梦的总目标，国家提出了'五位一体'的总体布局，'四个全面'的战略布局，创新、协调、绿色、开放、共享的新发展理念以及创新驱动发展、'一带一路'、中国制造 2025、'互联网 +'等重大战略。新工科建设就是要根据实现上述国家重大战略的需要，主动布局、设置、建设和发展相关新工科专业，培养各种层次和类型的卓越工程科技人才。"①

在新时代、新形势、新背景下，尤其是适应国家、省、市经济社会发展需要、教育内外部改革发展需要和应用型人才培养需要，要求地方本科高校创新发展理念，坚持以科学发展观尤其是新发展理念为指导，创新高校发展理念，高校应用型人才培养应遵循的教育理念主要包括以下六个方面："以师生和质量为本"的教育理念、协调平衡的教育理念、可持续发展的教育理念、改革创新的教育理念、开放合作的教育理念、共享公平的教育理念。高校要以实际行动体现和贯彻以师生和质量为本、协调平衡、持续发展、改革创新、开放合作、共享公平的教育观念和理念，从而解决实现什么样的发展和如何发展的问题。

一、"以师生和质量为本"的教育理念

教育是培养人的事业，前提是树立"以人为中心""以人为本"的理念，具体就是树立"以师生和质量为本"的教育理念。

以人民为中心，以人为本，首先要强调以生为本、育人为本、德育为先，立德树人，这是落实以人民为中心的发展思想和以人为本、全面协调可持续的科学发展观的根本要求，也是全面贯彻党的教育方针的根本要求。今后全社会价值取向都将被现在的青年的价值取向决定，青年时期正处于价值观的形成与确立阶段，把握好在这一时期对价值观的培养具有十分重要的意义。所以，学校要坚持以学生为根本，以育人为根本，把德育放在优先的位置，坚持立德树人，只有抓好这些工作才能完成推进高等教育改革与发展这项根本任务。在具体的管理实践中要真正落实"以学生发展为本"的管理理念，关心学生的成长，提高学生培养的质量。在我国的教育评价实践中只有加强"以学生发展为本"理念的实践，才能更

好地推行素质教育，培养学生的创新精神，提高学生的实践能力。[①]

人才培养首先要培养学生良好的道德观，要坚持立学为基，不仅要注重强化专业教育，还要注重强化"厚基础、宽领域、广适应强能力"，以及思想品德教育方面的强化，以"树理想、强意志、勇实践、讲奉献"为核心，帮助学生树立起坚定的理想信念，拓宽学生的眼界和胸怀，更好地满足今后职业发展与社会的需求。探索科学基础和实践能力、思想品德和人文素养相结合的人才培养模式，推动跨学院、跨学科、跨专业交叉人才培养，加强高校、科研院所和行业企业在人才培养方面的联合。对于就业难度比较大的专业应调整课程设置、教学内容，拓宽学生的知识面，增加学生的就业面。在应用型创新人才培养模式上，应当探索各种培养模式，比如产教融合、校企合作和工学结合等。要不断增加学校之间的交流，丰富学生对"第二校园"的体验，使学生能够体验到各学校的学科优势，对不同教学风格的课堂进行接触，接受校园文化多元化发展的陶冶。

人才培养要以人为中心、以人为本，要依靠教师、尊重教师、关心教师、培养教师，将教师队伍建设摆在更加突出的战略位置。教师是人类文明的传承者，推动教育事业又好又快发展，培养高素质人才，教师是关键，没有高水平的教师队伍，就没有高质量的教育。教师是立教之本、兴教之源，承担着让学生健康成长，让人民获得满意教育的重任。

高等教育发展离不开广大教师，离不开高水平的教师队伍。要改革和完善教师管理制度，创新用人机制，保障教师的政治地位、社会地位、职业地位，维护教师合法权益，充分发挥教师的作用。

高等教育尤其要重视培养高层次人才，培养大师。"大学之大，非有大楼之谓也，乃有大师之谓也。"[②]一流的大学需要有一流的名师，一流的名师能给学校带来先进的办学理念、高层次的教学水平、学术水平和科研成果，更重要的是他们严谨的治学态度、刻苦的钻研精神、理论联系实际的学风、民主求实的工作作风、不懈地创新追求，他们的人格、风度、气质等，都会给学生、教师以深刻的

[①] 史秋衡.教育率先现代化：实现国家现代化的必然选择——纪念邓小平"三个面向"题词30周年［J］.教育研究，2013，34（9）：4-11，32.

[②] 金一民.锻造"大师"，促进发展［J］.教育科研论坛，2009（7）：84-85.

影响。美国有关机构曾经对 90 多名诺贝尔奖获得者做过调查，他们发现这些诺贝尔奖获得者，有三分之一的人的导师也是诺贝尔奖获得者。他们都认为自己从导师那里除了学到了知识和方法，更重要的是受到了导师精神、态度、品格的深刻影响。

高等教育贯彻"以人民为中心""以人为本"的教育理念，落实到师生的发展，根本目的是要着眼于提高高等教育质量，办好人民满意的大学。

什么是好的大学呢？好的大学是能够培养学生独立思考、思路清晰、想象力丰富等个人成功所必备的品质。好的大学应该是培养人的创造性，使学生变得善于思考，更有追求的理想和洞察力，成为更成功的人。

实现对高等教育质量上的提升，需要以中国式现代化建设的阶段性特征为基础，要顺应国际发展潮流，进而提出的一个深刻主张，也是中国高等教育改革与发展中最为核心而又最为迫切的问题。要围绕"培养什么人、怎么培养人"的问题，确立人才培养的中心地位，抓住一切为了学生成长、成才这个关键，系统推进，务求实效。

"为什么我们的学校总是培养不出杰出人才？"多年以来，"钱学森之问"成为我国高等教育提升质量的紧迫课题。

《国家中长期教育改革和发展规划纲要（2010—2020 年）》（下文简称《纲要》）实施 5 年来，特别是党的十八大以来，我国高校通过本科数学工程、科教结合协同育人行动计划、卓越人才培养计划等，正在努力寻求"钱学森之问"的答案。

从 2010 年开始，本科教学工程目前已在全国范围内展开，该工程通过努力提高高校的教学质量，将培养创新人才作为自己的宗旨，并已制定了涵盖全部 92 个本科专业类关于教学质量的国家标准，着力打造专业点 1500 个，分批次发布特色专业建设点 3000 余个，覆盖特色专业 300 余个。

通过不断努力，高校生均拨款水平创历史新高，在全国教育公共财政支出中，高校公共财政教育支出占了总经费的 36.17%，从根本上改善了高校的办学条件，教学、科研仪器设备资产总值净增 1326.14 亿元，增幅高达 57%。高校教师队伍发展形势喜人，规模不断发展壮大，专任教师总人数达到 153.5 万人，教师队伍数量跃居全球首位。

　　《纲要》在中期评估中提出，通过"985 工程""211 工程"和特色学科项目平台的带动，我国的高等教育的核心竞争力呈现日益增强的趋势，有的学科已经具备国际一流的水平。英国"2015 年度世界大学学科排名"中，前 400 强中有 58 所内地大学，数量位居世界第二。

　　《纲要》在中期评估报告中提出，国家要在制度建设、机制保障、组织机构、课程设置、师资队伍和实践实训等方面，指导高校做好在人才培养模式方面的深化改革工作，并在应用型人才培养的各环节中进行渗透。

　　此外，关于高校与产业行业的对接这一问题，清华大学教育研究院教授林健在谈新工科建设的时候提出了高校要树立"对接产业行业"的思想，高校要寻找行业与产业的需求并做好积极对接与适应的工作，这是当前新工科发展与建设的立足点。在工程科技人才的需求上，产业结构的调整、转型升级、新旧增长动能的转换、新兴产业和新的产业形态的出现等，都需要造就一大批不同层次、不同类型的卓越的工程科技人才，而这些也正是新工科的发展宗旨。

　　新工科建设必须通过充分的市场和产业调研、分析和预测，积极应对产业的变化和发展，主动培养当前和未来产业和行业亟须的工程人才[1]。对其他高校也是这样，对旨在培养应用型人才的高校，无疑更要注意对接产业行业，除此，别无他途可行。

　　应用型人才培养，是随着 20 世纪初威斯康星理念大学"社会服务"职能的确立为世人所接受的，[2]其本质是大学如何处理与社会发展的关系问题。随着我国经济社会的快速发展和工业化、信息化进程的不断加快，本科人才类型的社会需求趋向多样化，地方越来越需要在生产、服务、建设和管理一线工作的应用型人才。新建地方本科院校或者应用型本科院校理应主动承担起推进地方经济社会发展的重任，应是地方政府重大决策的智囊团、地方经济发展的服务者和支撑者、企业技术创新的推动者和参与者、地方文化建设的引领者和塑造者。就新建地方性本科院校或者向应用型转型的高校而言，目前还有些学校办学定位不够科学，

---

[1] 林健.形成具备竞争优势的卓越工程师培养特色［J］.高等工程教育研究，2012（6）：7-21，30.

[2] 刘嵩.应用型人才培养目标下对《护理心理学》实验教学改革的思考［J］.课程教育研究，2015（32）：15-16.

办学指导思想不够明确，在一定程度上影响了教育质量和办学水平的提高。因此要根据实际情况，实事求是，创新教育发展理念，真正确立主动服务社会的思想和责任意识，加快创办应用型本科学校的转型发展步伐。

发展更高质量的高等教育，把更高质量摆在首位是一种导向，其实质是要推进高等教育领域的供给侧结构性改革。在教育现代化的实践探索中，我们不能忽视人们日益高涨的关于教育质量的诉求，以及对提高学生创新能力和实践能力的期待，而体现"以学生发展为本"的教学实践更应该得到推广。

二、平衡和谐的教育理念

树立平衡和谐的教育理念，是新发展观念中的协调发展理念和科学发展观"统筹协调"在高等教育中的反映和体现。

只有通过均衡和谐的手段发展高等教育，才有可能构建起与高等教育大众化、多样化的发展趋势相适应的发展模式，才有可能推进高等教育在发展的过程中能够满足人民群众多元的需求，才有可能构建社会主义和谐社会。

树立平衡和谐的发展理念，就应该坚持教育的规模、结构、质量和效益的协调均衡发展。在稳定发展规模和优化结构的同时，要特别注重质量的提升，全面提高学校的教学科研水平和人才培养质量；要注重各个类型层次的教育，包括普通本专科教育、研究生教育、成人教育、高等职业技术教育等的协调均衡发展，多渠道为社会培养人才；要着力加强特色学科和重点学科建设，积极发展新兴的交叉学科、边缘学科、综合学科等，实现各学科的共同提高和协同发展；要重视现代高等教育在人才培养、科学研究、社会服务、文化传承创新、国际交流合作几大功能方面的协调均衡发展，[①]加强和扩大学校的社会影响力。同时建立学校主体、政府主导、市场调节的高等教育协调发展机制。

树立平衡和谐的发展理念，还应该在大学内部的办学目标等方面体现平衡和谐。在有关大学的培养目标定位和教育教学的具体实施上，大学是培养理论型人才还是应用型人才，培养理论人才多一些还是应用人才多一些，一直是思想认识

---

① 赵昊，陈海燕. 国际交流合作在大学的职能定位研究 [J]. 中国高等教育，2017（17）：19-22.

和办学实践中的首要问题。事实上不存在纯理论与纯应用的截然划分，任何一所大学都不希望培养出的人才只懂理论而不懂实践应用，也不希望培养出的人才只懂实践应用而不懂理论。即使专门从事理论研究，也应该具备实践应用能力，这样才能在实践中发现问题，促进理论思考。

因此，我们应创新教育教学的理念，改革人才培养模式和教育教学的实际做法，加强实践环节的教学训练，培养既有理论知识又有实践应用能力的创新人才。

要坚持全面发展理念与高水平专业实践的统一。当今社会，知识更新速度不断加快，高新技术层出不穷，社会联系越来越紧密，一个人仅仅具备良好的知识、专业的素质是远远不够的。世界观、价值观、敬业精神、创新精神、思维方法、实践能力、人格品质、思想道德、心理素质等综合素质的也非常重要。因此，大学教育不仅要培养学生的知识、专业素质，同时也要培养学生的综合素质。要站在时代的前沿，塑造学生完整的素质结构，加强学生能力素质的培养，提高学生的实践能力、创新能力、就业能力和创业能力，引导学生更好地适应不断变化的社会，为今后的成功打下基础。

今后十年将是中国发展极其关键的时期，这就需要发挥高素质人才的优势，打造竞争上新的优势点，利用创新的力量积极探索新的发展动力。高等教育作为科技第一生产力和人才第一资源的重要结合点，具有高端引领作用，人才在创新创造能力上的发展程度由高等教育的发展程度与质量来决定，某个行业要想在全球价值链条中改变其所处的位置，也要依赖高等教育发展的程度和质量。高等教育战线要自觉地担负起提高教育质量，建设高等教育强国这一崇高任务。

三、永续发展的教育理念

树立永续发展的教育理念，这是新发展理念中的"绿色"发展理念和科学发展观中的"可持续发展"在高等教育中的反映和体现。

党的十九大报告强调要"形成绿色发展方式和生活方式"。绿色发展倡导社会的节约、低碳、清洁、循环的发展，与自然相互协调地发展。2015年中国国际教育年会的主题是"全球的绿色发展"，会上，各国教育官员和专家讨论教育如何促进全球绿色发展，讨论教育在可持续发展的路径和制度上如何创新。

绿色发展一方面指绿色教育生态环境的建设，提倡教育要追求教育质量的"绿色"，不能"唯分数论"，要注重人的全面发展和综合素质的提高；另一方面是指注重生态教育，努力建设资源节约型、环境友好型校园，推动形成绿色发展方式和生活方式。

教育的绿色发展理念，是保证教育的方向性、健康性、民族性，是指教育要以大自然或人与环境的关系为核心而开展。环境问题是全球化问题，人类如今共同面临着越来越严重的环境问题，生态教育的重要性不言而喻。

绿色发展和永续发展离不开绿色发展的意识。高等教育应追求教育质量的"绿色"，注重人的全面发展和综合素质的提高，推动形成校园内外的绿色发展方式和生活方式。这样的绿色更加和谐，更加赏心悦目。追求"大红大紫""唯分数论""唯考试论""唯知识学习论"是极端和片面的。高等教育应树立绿色发展的意识，教育必须面向未来，教育要培养不同的思维模式，不能再因循守旧，户外的教学和课堂教学同等重要，要培养学生新的思维模式。

绿色发展和永续发展离不开科技创新的能力，科学技术与创新是实现绿色发展和可持续发展的关键。高等教育应培养学生这种科技创新的能力，应强化产学研用一体化，建立可持续发展的科技生态系统。

绿色发展和永续发展离不开转型变革和终身学习。高等教育应培养学生适应转型变革需要的终身学习的能力。当我们提到教育的时候，提到可持续性的时候，就意味着要转型，而转型就意味着要学习，我们需要学习各种创新的技术，也需要在组织和企业层面上进行学习，在整个社会中学习。未来全球的绿色发展和永续发展离不开教育的国际合作。在今天，任何一个国家和行业都不能解决所有的问题，所以必须加强学习和教育方面的国际联系，要互相借鉴、取长补短。

四、公平共享的教育理念

树立公平共享的教育理念，这是新发展理念中"共享"发展理念和教育的公益性质在高等教育中的反映和体现。

教育本质属性决定了在发展高等教育的过程中，必须坚持教育的公益性，要不断推动教育公平与分享，因为教育是向全民提供服务的公共产品，教育关系到人民群众切身利益，社会发展各个方面都会受到教育的影响，一直以来教育都被认为是促进人类不断发展、完善、提升和减少社会差别的一个重要途径。当今社会以知识与教育为基础，因此，教育能否实现公平与共享就成为人们最为重视的问题。社会公平共享离不开教育的公平共享，让良好的教育机会能够为人民群众所共享，就要保障教育公平共享的实现，而全面建成小康社会也需要教育公平共享地不断推进，这是中国教育发展基本政策。

因此，要采取更加切实有效的措施，创造适合高等教育发展的条件，满足人民群众对高等教育的多样化需求，给人民群众一个平等接受教育的机会。在这样的基础上，还要尽一切努力向人民群众提供高质量的高等教育资源，以满足人们获取高质量高等教育的要求。当下最重要的是对城乡之间、各地区之间、各个种类各种层次的高等教育之间的发展进行统筹规划，让全体社会公民都在高等教育方面享受到平等的教育权利和机会，推动高等教育在教育公平、共享上的建设。

五、改革创新的教育理念

树立改革创新的教育理念，这是新发展理念的"创新"发展理念在高等教育中的反映和体现。

当今世界各国综合国力竞争的实质是创新人才优势和民族创新能力的竞争。面对科技加速发展、国际竞争异常激烈的现实，大学教育必须培养出以创新素质和实践能力为核心的高素质人才。勇于创新、善于创新，能够让我们在社会竞争日益激烈的时代背景下脱颖而出，成功实现个人价值，为社会作出贡献。

改革和创新相辅相成，2010年党中央、国务院召开了新世纪第一次全国教育工作会议，颁布了国家中长期教育改革和发展规划纲要。国务院办公厅印发了《关于开展国家教育体制改革试点的通知》，确定了425项改革试点项目，全面启动了国家教育体制改革试点。以培养模式、办学体制、管理体制和保障机制改革为重点，组织实施专项改革、重点领域综合改革和省级政府教育统筹综合改革，从国家、地方和学校三个层面系统推进，形成了自上而下和自下而上相结合的改革新局面。以教学改革为例，教育部针对教学上的五大问题，开展一系列深化教学改革工作，具体措施包括调整专业目录、开展21世纪教学内容课程体系改革、开展人文素质教育等，目前均已取得了较明显成效。

在我国开始实行改革开放之后，改革和创新成为推动中国高等教育不断取得巨大成就的两大动力。如果高等教育没有进行改革与创新，那么现在高等教育上呈现出来的蓬勃发展形势便不可能出现。我们必须坚定地促进高等教育不断深化改革并保持创新精神，在解决发展高等教育所面临的各种问题时，要学会使用改革与创新这个破解问题的手段，在高等教育领域探索出一条推进协调发展的根本出路，以保证高等教育能够充满活力、公平有序、平稳地发展。

当前，努力实现优质教育资源的扩张是高等教育在供给侧进行结构性改革探索的核心，这样能够实现教育资源的优化配置，可以将更多更好的教育选择提供给受教育者，最终解决教育中存在的一些问题。在供给侧进行结构性的改革是我国高等教育进行转型发展的本质内容。

因此，高等教育改革创新应做到坚决破除一切不合时宜的方式，有三个层面至关重要。在思想观念上，高等教育改革创新要代表好、维护好、实现好、发展好最广大人民群众的根本利益，要将改革创新的成果惠及大多数的群众，这样的改革创新措施才能被人民群众支持和拥护。在制度层面上，高等教育要通过深化改革创新不断健全和完善与社会主义现代化建设要求相适应的中国特色社会主义制度。就高校内部而言，必须深化以科学化、制度化管理为目标的高校内部管理体制改革，推进管理创新和制度创新。制定实施《大学章程》建立与中国特色社会主义市场经济相适应的现代大学制度。在方法手段方面，考虑到信息化是当今世界的主要发展趋势，也是促进经济、社会、文化、教育等各方面变革的重要方式和动力，一个国家在信息化水平上的高低可以体现出这个国家综合国力与国家竞争力的水平，因此要适应信息化时代的要求，变革创新高等教育的技术手段，以教育信息化带动高等教育现代化，加快高等教育数字化建设进程，提高高等教育以及师生的信息技术水平，实现教育观念、教育条件、教学内容、教学形式和管理技术手段等的现代化。"面对日新月异的数字化教学环境，教师必须树立'向学生学习'的教学观念，在计算机和网络世界面前，教师与学生处于同一起跑线上，而有些学生对现代信息技术的热情、敏感度以及快速接受的能力甚至远在教师之上，此时教师与学生可以相互学习和相互促进，使教学相长的内涵在教师与学生的平等互动中诠释得更加深刻。"①

在教育现代化中，管理的现代化居于首要地位，它能够推进教育现代化的加速发展。在教育现代化的实现过程中，必须以帮助学生实现全面、健康地发展为中心，在教育的管理理论方面不断进行创新，不断在教育管理方面深化实践，推动管理科学化的早日实现。

从新办地方本科院校的改革创新实践来看，这几年多数学校正在实施综合改革和加快转型发展的进程中，如泉州师范学院正在大力实施本校综合改革方案，着力创办应用型大学，培养高素质应用型创新创业的高级专门人才，即本书中所明确的应用型创新人才。这是这类高校一个很好的做法和发展趋势。

人类社会在 21 世纪的发展出现了新的特点，革命性的改变势必将在高等教育的理念与模式上发生。目前仍然处于新科技革命的阶段，人类也逐渐步入了知识经济的时代，这样的时代特点对高等教育在发展理念上的创新突破有着迫切的需求。例如，经济全球化的进一步发展以及目前在各个领域已经广泛运用的信息网络技术，已经打破了在时间与空间上的限制，知识的产生与传播更加自由，资本、技术和人才的流动十分频繁，这就需要高等教育的资源能够在开放共享上实现跨部门、跨区域、跨国界调配。再如，新一轮科技革命使科学研究领域进一步扩大，各学科不断的融合与交叉的过程被进一步加快，区域化、集群化、网络化等创新模式层出不穷，这些变化都对高等教育在教学科研组织模式方面的变革产生了更多的要求。又如，当前社会知识创造呈现出爆发性增长的态势，科研成果进入实践应用的转化周期被大大缩短了，人们在学习方式方面也产生了深刻的变革，教育已不仅仅是学校教育，终身教育已经成为越来越多人的选择等。这些变化都需要高等教育能够在教育服务的提供上更加灵活方便，实现个性化服务。这些新趋势为高等教育实现教育质量的提高积累了后发优势，我们能否牢牢把握住机遇，加快推进改革步伐，决定了我们能否在教育质量上有一个新的飞跃。

---

① 史秋衡.教育率先现代化：实现国家现代化的必然选择——纪念邓小平"三个面向"题词30周年［J］.教育研究，2013，34（9）：4-11，32.

六、开放合作的教育理念

树立开放合作的教育理念，这是新发展理念中"开放"发展理念在高等教育的反映和体现，也是高校的"第五项职能"——"国际交流合作"的必然要求。

中共中央、国务院在《关于加强和改进新形势下高校思想政治工作的意见》中强调高校肩负着人才培养、科学研究、社会服务、文化传承创新、国际交流合作的重要使命。[①] 这样一来，党中央就基于以前提出的高校四项职能增添了"第五项职能"——"国际交流合作"。这一变化对在理念上推动了高校建设的创新发展、对加快世界一流大学与一流学科建设、推动我国高等教育发展水平的不断提升、实现国家核心竞争力的不断增强等方面都具有重要的指导作用。

世界文化的发展过程中呈现出多元化的特点，而各国的高等教育都承担了对本民族文明成果的传承与传播，高校也都对学校管理与教学科研发挥着各自的特色与优点，可供互相交流参考，互相学习完善。"他山之石，可以攻玉"。[②] 实践表明，中外高校要想推进彼此之间交流学习、不断提升各自的层次和水平，就需要开放与合作这一方式。一所高校的办学水平与发展空间会受到其开放与合作程度的直接影响。高等教育开放合作的一个重要表现是国际化。当今世界，高等教育国际化已成为不可阻挡的历史趋势，多种多样的国际合作办学、教师互访、学生交换、国际学术会议、国际合作研发平台、大规模开放在线课程（MOOC）、国际校区、双学位等发展如火如荼，各种大学联盟在世界范围内涌现，不管是发达国家的大学，还是发展的中国家的大学，都积极参与国际交流与合作中来。

中国的高等教育在我国进入改革开放之后，特别是我国在加入世贸组织以后，与世界高等教育接轨的速度开始加快，不断推进自身融入国际化进程中。众多大学和学院能够抓住国际化的发展契机，与国际上的著名大学开展学习和借鉴、交流与合作，推动大学和整个中国高等教育的发展。

高等教育应向着国际化的方向发展，无论是对"双一流"大学的创建，还是建设一所高水平或普通的大学，都应当努力从全球舞台的视角出发去规划高校

---

① 赵旻，陈海燕.国际交流合作在大学的职能定位研究［J］.中国高等教育，2017（17）：19—22.

② 柳萍，解注.诗经［M］.北京：民主与建设出版社，2020.

的未来。作为高校在质量与内涵建设方面的一部分，提升高校自身的国际化水平也是高校重要的新增长点，通过开放合作的手段推动高校教育的改革与发展。在开放合作中，要积极借鉴国外办学的先进理念和成功经验，实施海外名师引进项目和学科创新引智计划等，积极引进优质教育资源，培养国际化人才，尤其是加快培养具有国际水平的拔尖创新人才，从提升国家软实力的战略高度出发，强化人文交流，讲好"中国故事"，探索海外志愿服务机制，提高国际汉语教育质量，与外国高校合作办好孔子学院，建设好中外文化交流平台。人文交流也是新时期我国外交工作的战略举措。

实践表明，国际教育的交流与合作，是帮助发展中国家拓宽视野、借鉴发达国家现代教育理念和管理经验的一条有效途径，同时为充实素质教育内容，进而培养具有国际意识和强大的国际交往能力的人才的一个可贵的实践机会。但在进行国际教育交流时，我们更应审时度势，在制定发展战略与行动计划时应当更为切合我国的国情。应谨防发达国家利用自身在知识与技术上的领先地位及在经济与教育上的优势，在我国开展跨国界教育服务以谋取经济利益而"抢走"优秀人才。

同时，国际化进程中应处理好国际化和民族化、特色化的关系。高等教育国际化的目的是提高自己的综合国力，而不是为国际化而国际化。各个国家及其高等教育，都有自己的发展历史和实际情况，高等教育的借鉴学习不是照搬照抄。在高等教育国际化进程中，必须结合实际，不能脱离中国的国情和学校的校情；在学习和借鉴国外高等教育教学的先进经验的同时，必须坚持走有中国特色、高校自身特色的发展道路；必须找好自身的定位，突出大学自己的发展优势，强调特色办学。

《国家中长期教育改革和发展规划纲要（2010—2020 年）》提出，"全面提高高等教育质量，提高人才培养质量，提升科学研究水平，增强社会服务能力，优化结构办出特色，促进高校办出特色，加快建设一流大学和一流学科"。

高等教育的开放合作必须坚持自身特色，在坚持特色的基础上，博采众长，为我所用，发展特色，壮大特色。丢了自身特色，无异于捡了芝麻丢西瓜。大学只有在坚持自己的特色、进一步扩大自己发展基础的情况下才能变"大"为"强"。

就学科而言，当已有特色的学科的发展基础扩大之后，学科发展就会更具有活力，发展方向也会变得更为多样，就可能从中选出更具有发展潜力的发展方向，同时在学科内部也产生了相互竞争的氛围，出现必要的学科发展张力，能够刺激学科壮大。

强调特色化发展是当今世界高等教育发展的大势。营建特色、强化特色是世界各国高校普遍采取的发展战略。有无办学特色是衡量高校办学质量水平的一个重要标志。高校要结合国家和本地、本校实际，从办学指导思想、教育教学理念、校风学风建设、学科专业建设等方面入手，制定清晰的发展战略，以开放合作为契机，把优势特色的学科、专业、课程、项目、领域进一步做优、做强，办出学校特色，提升学校的核心竞争力，在国内外、省内外抢占办学治校、科学发展的制高点。对地方本科高校或者应用型高校来说，要切实体现地方性和应用性，要面对地方经济社会发展的需求，把学科专业做优做强，办出特色。

在新形势新背景下，高校尤其是新建地方本科高校和应用型本科高校应贯彻新发展理念，牢固树立"以师生和质量为本"、协调平衡、永续发展、改革创新、开放合作、共享公平的高等教育理念，破除发展旧屏障，创造发展新条件，实施发展新举措，推动我国高等教育的可持续发展、科学发展和应用型人才培养，服务于创新型国家建设和区域经济社会发展。

第三节 高校应用型人才培养的路径探索

当前，我国全面建成小康社会处于决胜阶段，高等教育也进入全面深化改革的重要战略时期。因此，高等教育必须顺应和引领经济社会发展新常态，服务国家创新驱动发展战略，以及"中国制造2025""互联网+""大众创业、万众创新""一带一路"等国家重大战略和省、市等区域发展战略，加快供给侧结构性改革，加快双一流大学建设，加快发展现代职业教育，引导部分地方普通本科高校向应用型转变，从而培养更多的应用型人才。

对高校而言，要紧紧抓住高等教育大发展、大改革的重要战略机遇期，发挥自身优势，全面深化改革，推进教育创新，优化教育结构，改革培养模式，提高教育质量，形成同经济社会发展要求相适应的教育体制，全面增强核心竞争力和综合办学实力，全面培养应用型人才。那么我们应该如何培养新时代的应用型人才呢？其具体的发展路径主要包括以下四个方面：

一、政府发挥主导作用

（一）理清政府角色

政府要积极尝试转变自身职能的履行方式，认清自身需要扮演的角色作用，让高校、市场的原有功能回归到它们自己的手中去，将管、办、评工作的有机分离和统一有序落实，做一个宏观上的规划者与协调者，为高等教育发展发挥作用。与此同时，政府还是一个评价者与服务者。第一，政府在制定产业发展的长远规划时，不仅要注意当地已有产业的特点，还要结合高校所处的区位优势。第二，在做好产业发展规划后，政府应指导高校制订本校的发展计划，制订时应注意与产业发展规划相结合。在应用型人才培养储备方面，尤其应对重化产业、高新技术产业加大力度。引导高校确立自身的发展目标并督促其开展互补性人才培养，以防止应用型人才在培养时出现同质化的问题。第三，一方面教育管理部门应引导高校在开设相关专业时，要结合当地新兴产业的需求，增强高校在专业链、产业链、创新链上的契合度，对产业发展的最新信息做到及时掌握，增强应用型人才的动手能力和创新能力。另一方面，高校之间的相互交流应当以教育管理部门为桥梁，并且本地区各个高校发展的现状也应当通过教育管理部门进行公布，如专业和招生规模等情况。同时教育管理部门还要引导高校在专业设置上实现差异化，并在开展人才培养工作中做好协同发展，发挥各自优势，实现共享资源，提高人才培养的质量。第四，政府在对各高校进行评价时应当做到公正评价，并根据本科院校所属类型和层次的不同建立不同的评价体系，定期（2年或4年）对各高校进行客观的评价，并将评价结果作为政府财政支持、税收和土地供给等的重要依据，从而提高高校服务经济社会的发展能力。

（二）完善相关制度

诺思认为"制度"在社会发展中发挥着基础性的作用，是决定社会长期经济绩效的根本性原因。[①]

要想搞好应用型人才的培养就必须建立健全相关的政策和法规。从全国层面看，政府应对《高等教育法》及其他重要法规进行不断完善，对高校的管理权限进行明确的规定，政府在管理高校时，其享有的权利和履行的义务应当详细规定，使高校能够更大限度地实现自主办学。健全《职业教育法》和《企业法》等法律，明确企业人才培养主体地位，厘清企业与高校在培养人才时应当履行的职责与行使的权利，切实保障学生在实习阶段的安全和劳动报酬，为校企合作发展创造有利的外部环境，推进校企合作向着制度化的方向发展。政府应当好好利用地方立法权，通过立法的形式，规定在人才培养上企业和高校所享有的权利和承担的义务，与产业转型升级和发展重化产业、高新技术产业相结合，并划定明确的界线，做好与高校进行人才培养合作的企业筛选工作，以规范高校和相关企业之间的关系，为国家和当地的经济发展输送大批优质应用型人才。

（三）搭建校企合作机制

目前，关于应用型人才的培养，校企合作已经达成了共识，但从行政管理单

---

① 刘燕，张龙林，付春光. 转型国家的制度困境与中国转型的策略选择［J］. 中央财经大学学报，2012（10）：81-86.

位的类型上看，大学和企业属于两种不同的类型。双方因为行政风格存在差异，在对应用型人才的合作培养过程中就容易出现各种问题，这就要求政府在其中发挥引导作用，建立校企合作的相关机制。在促成校企合作的问题上，政府可通过组建促进会等方式，定期召集相关人士共同商讨解决在校企合作中存在的问题。促进会可以设立办公室，日常的工作就由办公室负责，并建立校企合作的信息平台，对有关合作的信息进行实时发布，方便校企双方自主选择。校企合作办公室不仅可以在促进校企合作上发挥平台作用，它还可以在宣传与监督上发光发热。在宣传上，应加强校企合作中经典案例的推广力度，为更多高校、企业的合作提供借鉴与参考，尤其要对企业的优秀做法进行大力推广，为接受实习生的企业树立好典型。在监管方面，通过制定科学高效的评价、激励体系，通过对校企双方开展定期的监管与评价，确保校企双方的合作运行都能按照既定的目标、方向和内容等，督促校企双方落实合作职责和义务。

（四）加大财政支持

培养高素质的应用型人才，保障资金是至关重要的一项措施。政府应加大高等教育财政扶持力度，增加生均公共财政预算教育事业费，设立专项资金用于扶持高校在实验室和实践基地方面的建设工程，以及学生在实验实训过程中的耗材费用。鼓励和支持专业教师能够积极主动地参加实践能力培训，对获得中、高级职业能力资格的教师提供部分资金上的奖励。在民办高校的发展上，政府可建立人才培养的发展基金，明确申报基金的条件，鼓励、引导民办高校的申报工作。对于企业来说，政府可以通过经济补偿的手段，吸引各个企业与高校在人才培养方面开展合作，并通过减免税和提高银行贷款的金额来激发企业参与应用型人才培养的热情。另外，在支持高校和企业对应用型人才的培养方面，政府可通过建立人才培养专项基金的方式来资助相关项目。政府也可投资兴建公共实训中心为有关院校提供服务。

二、高校坚定走应用型高校之路

高校应把握国家发展职业教育的契机，坚定不移地向应用型高校转型，要自觉地确立服务于当地产业发展的思想。通过组建企业专业咨询委员会和校企合作委员会等机构，实现对产业需求变化趋势的把握，树立应用型人才的培养目标。在开展应用型人才培养教育时，可以邀请企业的技术专家及其他相关人员参与进来，并从事教学管理和研究工作。各学校在开展人才培养的过程中，要牢牢抓住对基础知识的夯实，不断提升人才的理论和实践素养，并更加重视培养应用型人才的实践和创新能力。

（一）改革学科建设机制

高校的基本组成单位就是学科，学科的实力代表学校的实力，学科具有的特色也能够体现学校的一些特色。高校建设与发展上必须抓好学科建设这个关键与核心。如果脱离了学科建设，高校在人才培养、科学研究、社会服务、文化传承创新和国际交流合作等方面都将失去自己的根本。

1. 重点建设应用型学科

由于学科发展历史与办学基础不同，高校学科建设总体水平普遍不高，因此，应该把学科建设作为学校工作的重中之重。培养专业基础扎实、学科知识面广、实践能力强、综合素质高的应用型人才是高校学科建设的根本目标。[①]适应现代科学技术既高度分化又高度综合，且以高度综合为主的发展趋势，综合考虑学科基础与发展前沿诸因素，从学校的实际和地方经济社会发展的要求出发，尤其要以服务创新驱动发展战略和省市重大需求为导向，做好学科建设的顶层设计，凝练学科发展方向，突出学科建设重点，打造学科特色。应当对学科的组织模式和学科结构进行积极的创新和优化，针对学科间的相互渗透、融合和创新要不断推进，要主动选择性地与产生交叉的学科、边缘学科以及具有发展前景的新兴学科进行合作和发展，并着力推进基础学科的改造和应用型学科的扩展，利用学科综合优势以提升学校整体办学实力。

学科体系建设上还应结合其相应的专业建设、人才培养统筹考虑。以工程学科建设为例，工程学科承担着重大的任务和使命，对推动国家或地区的经济社会

---

① 周芳检.地方本科院校学科建设"强应用"与"创特色"的思考［J］.黑龙江教育（理论与实践），2022（01）：1-4.

发展有重要作用，所以工程学科的专业建设及其人才培养是这个专业建设与发展的重点。因此，高校的工程学科的建设发展目标应该可以这样确定：主动布局、设置和建设服务国家、省、市战略并满足产业发展需求的工程学科与专业，培养造就具有高素质的各类应用型工程技术人才。

2. 创新学科建设机制

高校要实现特色发展，突出对应用型人才的培养，树立学校的特色，依靠特色使学校的实力增强。高校能不能办出自己的特色，关键是能不能立足地方实际情况以及本校的实际情况对自身发展进行正确分析与把握。对自身的办学传统与优势要继续保持与弘扬，并且还要不断突出地方性特色，为能够有效对地方经济社会发展提供持续服务打开空间。要有所为，有所不为。努力做到人无我有，人有我优，人优我特，实现在各个方面都能突出特色办学的特点。

在学科建设上，重点学科能够对学科建设的优势和特点进行集中反映。这帮助我们充分认识到，选择哪一个学科作为重点学科建设，一定要经过充分证明、好中选优、重点扶持，将重点学科的评估体系有效地建立起来，并在动态管理中实行严格的管理措施。在相关学科群中，重点学科具有强大的示范、辐射和带动作用，要注重将这一特点充分发挥。找准学科在国内或所在区域的不可替代性，实现学科的差异化发展或错位发展。[①]

学科建设能否良性运行，离不开一套科学可行的运行机制。高校可以创新学科建设机制，努力形成学科带头人和学院行政负责人共同负责的学科建设决策机制；建立激励与约束机制，实行学科建设年度考核和奖励制度；构建符合学校实际的学科评价体系；完善各级学科建设项目申报评审程序，完善学科动态调整机制等。

（二）调整专业设置

专业是对学科类别的划分，高校在划分专业时一般是按照科学分类与社会职业分工来进行的，专业的设置不仅要兼顾学科特色，还要与社会需求相联系。社

---

① 周芳检.地方本科院校学科建设"强应用"与"创特色"的思考［J］.黑龙江教育（理论与实践），2022（1）：1-4.

会对人才的需求处于动态变化之中，要求各院校在设置专业时要灵活。这里的灵活并不是指对市场的盲目迎合，而是指从高校和专业的实际情况出发，确保专业与产业之间有效对接，这不仅能解决毕业生的就业难题，还能向市场输送保质保量的劳动力。

在专业建设和专业调整上，高校要紧跟地方产业结构调整和转型升级以及新技术迅速发展对人才需求的变化，加强应用型人才的培养，满足技术进步和产业升级对人才的需求。紧密对接地方产业集群，加强专业群建设，发展经济社会急需专业。

1.进一步优化专业布局结构

坚持从实际需要出发，应当成为高校教育发展一贯坚持的原则，要从人力、物力、财力等方面给予社会需求量大、势头发展好的专业以有力支持。

2.加强应用型专业群建设

地方应用型高校，不论是专业或专业群的建设，都应该是有的放矢，有所为有所不为。根据地方和学校的实际情况，建立紧密对接区域产业链及产业集群的专业体系或者专业群，建立紧密对接区域产业链的应用型专业体系，推进应用型人才培养进程。

为促进紧密对接省、市区域产业链及产业集群，本着开放合作、优势互补、资源共享、互惠共赢的原则，高校还可以与政府部门、校外产业部门、行业协会、行业企业和科研院所等合作建立"产业学院"等平台。有了"产业学院"这样的平台载体，既有利于更加紧密和充分地利用社会各种资源，又有利于与合作方共同开展专业建设和人才培养。

3.加强新专业的规划建设

新增专业申报论证应根据省市产业转型升级的需求，以学校办学定位、发展目标和办学基础、办学特色为依据。新增专业主要考虑围绕"一带一路""互联网+""大众创业、万众创新""21世纪海上丝绸之路先行区建设"等战略需求，对拟增设专业进行科学论证，认真规划，充分考量自身办学条件以及社会需求，明确人才培养目标，并将已有专业建设水平和人才培养质量作为是否审批新增专业的重要考核依据。

4.完善专业评估与动态调整机制

改进原专业评估指标体系，定期对新、老专业进行专业评估，并发布每个专业年度建设的相关资料。根据专业评估的结果，对相关专业进行有计划、有步骤地增设、转型、改组、调整和退出等优化措施。

高校在针对专业开展调整设置工作时要做好相应的统筹规划，同时对区域支柱产业、新兴产业的相关专业，高校要加强对其的扶持力度。与先进制造业、现代服务业有关的专业，高校要对专业的设置不断进行优化，同时推进各类专业群全面向应用型转变。

充分把握国家的宏观经济形势与区域经济发展的趋势，综合运用多元化的研究技术，对应用型高校的专业设置、专业人才进行分析与评估，在此基础上调控应用型高校的专业设置。[①]

当前，由于新技术、新产业发展得特别快，新技术、新产业所需培养的应用型人才必须随着市场需求不断更新。因此，在高校的工科专业建设上，还应特别注意大数据、云计算、物联网、人工智能、虚拟现实、基因工程、核技术等新技术和智能制造、集成电路、航天海洋、生物医药、新材料等新产业对应用型人才的需求状况及变化趋势，高校也应该积极主动融入区域产业发展战略，围绕主导产业和战略性新兴产业确定重点建设专业，把专业建设与区域产业转型升级的重点项目结合起来，争取获得政府以及企业人才培养的全面支持与合作，[②]前瞻性地及时地作出回应，切实做好专业调整设置。

高校在对学科专业进行动态调整的工作方面需要做好三个方面：第一，高校需要将关注的目光聚焦在服务需要面向的区域，对当前产业行业发展的特征和规律进行研究，展开对产业行业今后发展的方向与趋势的预测，以便能够对产业行业目前及今后发展获得正确的认识掌握；第二，高校需定期进行专业建设，分析各专业的人才培养过程中所面对的外部环境与内部条件的变化，充分了解学科专业参与竞争市场的现状；第三，对新设置的学科专业要进行适时的调整，分析该

① 尤伟，颜晓红，陈鹤鸣.我国应用型本科院校专业设置与调整机制变迁［J］.江苏高教，2015（5）：68-71.

② 马建富.构建专业与产业发展动态调整机制打造中国经济升级版［J］.中国职业技术教育，2014（21）：196-201.

学科专业在人才培养的方向、目标、标准、计划、模式及课程与教学内容上需要修订或改进的地方，以确保培养出的人才不落后于市场，甚至能够领先于国家与行业对人才的要求。

（三）改革管理体制机制

改革创新能够促进大学的科学发展，实现大学的快速成长。大学在学科和专业体制机制的改革与创新建设能够促进学科建设、师资队伍建设、人才培养的进步和发展。

建立健全、灵活、高效的用人机制。实行全职入编、项目制、全职非编、临时人员派遣、非全职（兼职）等多种人员聘用方式，推动人才队伍增长方式由规模到质量的转变；构建分类管理评价机制，针对教师不同类型层次、学科特点，科学制订体现"质量为先，师德为要，发展为本"特点的考核评价指标体系；探索建立以岗位绩效工资制为主体，年薪制、协议工资制、项目工资制、团队薪酬制等灵活多样的薪酬分配模式，制定以业绩贡献为导向的奖励性绩效工资分配办法，实现薪酬分配向重业绩贡献、重岗位责任转变等。

（四）改革校园信息化建设

高校内的师生员工的学习、生活和工作等各种活动都是在校园内发生的，校园承载了高校五大功能的发挥。高校在政府的眼中是宝贵的资源和重要的财富，高校对当地经济、文化发展能发挥巨大的作用，政府采取了许多良好的优惠政策与有力措施，促进当地高校的建设和发展。高校在对校园进行规划建设时，把人力、财力、物力恰如其分地利用起来，大力推进高校教育实现信息化的转型，通过信息化促进校园现代化建设，使校园完成信息化、现代化、园林化和生态化的建设。

1. 校园规划建设要充分体现办学理念

准确把握学校所在城市的人文历史、风情风貌，统筹考虑学校发展的目标定位、整体布局、功能要求以及建筑设计、建设风格、文化景观，保证校园的高品位、高科技含量，努力达到传统与现代、实用与美观、环境与人文、硬件与软件的统一协调。

2. 加强教育信息化建设

2010 年发布的《国家中长期教育改革和发展规划纲要（2010—2020 年）》中专门阐述了加快教育信息化进程的问题，明确了教育信息化在我国教育改革与发展中的地位，为我国教育信息化的发展指明了方向。

当今世界以信息技术和生物技术为代表的现代科学技术突飞猛进。高校要顺应国民经济和社会信息化的大趋势，高度重视计算机、网络技术对教育方式和手段的革命性影响，高强度投入建设包括教学业务、行政管理、网络服务、数字图书馆等在内的子系统，建立功能齐全、协调高效、信息共享、监控严密、安全稳定、保障有力的数字校园工程。

要加快信息化建设，促进学校内外办学资源共享。以建立教学资源共享机制为例，要整合现代教育技术中心、信息网络中心和图书馆资源，建立支撑教学科研的信息、教学资源公共服务管理平台；建设完善网络教学综合平台，加强课程信息化工程建设，引进和建设一批精品视频公开课、慕课、微课等在线开放课程；尤其是要以信息化建设推动课程与教学方法改革，探索实施"翻转课堂"等教学新模式，建设完善体现先进教学理念的优质课程体系；运用大数据技术，建立面向学生开放的教学实验资源、实践（实训）教学平台共享机制。

3. 多渠道筹措学校建设发展资金

高校要敢于四面出击，积极争取各种形式的资金投入，形成政府投入、社会支持、市场参与、学校自筹的多元投入机制。灵活运用市场规则，对高校的现有资产进行充分利用，学会对学校的经营。利用经济体制改革加速构建现代国民教育体系和终身教育体系的有利时机，开展多种形式的联合办学和就业培训创收；调动广大教师积极性，各显神通，发挥自身优势，广泛开展产学研用合作，广泛获得各种纵向和横向科研项目经费；整合办学资源，积极申报争取学科专业建设各级各种专项经费；多方努力，保证学校改革发展有可靠的物质支撑和充足的经费支持。

这些年，国家通过实施"211 工程""985 工程"等重点建设工程，在高等教育整体水平提升方面取得了举世瞩目的成就。政府可采用直接资助和间接资助相结合的形式为民办高校提供一定的资金来源，支持我国高校教育事业的发展。[①]

如今，国家提出了创建世界一流大学与一流学科的目标，这是党中央、国务院作出的全新而又重大的战略决策，对高校来说，一个全新的发展契机在前面招手，国家对不同类型高水平大学和学科实行差别化发展、总体规划、分级支持的政策。通过这些措施，中国高等教育势必将向着崭新的多样化发展阶段迈进，部属院校能够与地方高校之间形成相互补充的关系，出现百花齐放的良好局面。

（五）重构课程体系

高校课程建设可分为课程理念、课程计划、教材选择、课程评价等。高校培育的应用型人才不仅要拥有深厚的理论基础，还要具备较强的实践动手能力。课程理念上要以"实基础，强运用"为理念，避免陷入传统的理性主义与功利主义的错误中。在培育应用型人才时，应当按照相应的要求，教授具有实用性的理论知识，让理论知识成为提升实践能力的基石。要根据专任教师、企业技术专家以及其他各方面的建议来制订课程计划。对课程内容的编写也要从社会需要、学科目标以及人的全面发展几个角度进行分析与思考，以往以学科为主线的三段式课程模式要寻求改变；突破学科壁垒；整合课程内容；在学历教育中融合岗位技能的要求与职业素质教育。在选择教材方面，要坚持对统编教材与自编讲义的良好运用，在统编教材中，主要编写的是基础性知识与专业基础知识，而在编写专业发展知识时，各学校应考虑与行业发展现状、市场需求进行结合，编写教材时可以邀请产业技术专家和高级管理人员一起编写，使教材的实用性和针对性得到提升。在课程评价方面，转变传统唯分数论的评价方式，设置多样评价，尤其要重视对学生动手能力的评价。

（六）完善教学模式

教学是人才培养过程中至关重要的一环，高校应根据培养应用型人才的需要，对原来以讲授为主要方式、教师为中心、强调学科知识系统性与内在逻辑相结合的教学方式进行改革。教学中要重视对学生实践能力的培养，不仅要继续强化公

---

① 阚海宝，杜伟，黄玉祥.民办高等教育经费筹措分析［J］.江苏高教，2004（6）：46-49.

共基础理论教学、学科理论体系建设，同时要注重培养学生运用理论知识去解决现实问题的能力。尤其是在实践教学中，演示性和验证性的实验环节应当适当减少，对综合性的实践环节适当增加，引入以问题为基础、以项目实例为载体的教学方法。我们应在第二课堂上开展丰富多样的活动，在开展课外实践、科技创新等活动时，要鼓励与支持学生积极主动参加，并充分理解这类活动既有利于学生创新精神与创造能力的发展，又是课堂教学的补充。要注重增添学生在接受实践教学上的时间，目前好多院校在学生的上学期间仅安排了一次在企业实习的机会，而且大多是在毕业学期实习。各学校可以借鉴德国应用科技大学的方法，为学生的实习提供更多的机会。第一次实习可以安排在第三学期，目的是增强学生职业常识和对职业需求的了解；第二次可以安排到最后一学期，让学生完成顶岗实习和毕业设计，使学生在企业中的实习和实训的时间得到增加，搞好学生在企业中实习和实训期间的管理工作，让学生的动手能力能够在实践教学中真正地获得增强。

（七）构建应用型师资队伍

师资队伍是人才培养质量的根本保障，高校应根据经济建设和社会发展的需要，从学校实际情况出发，确立教师队伍建设的战略目标，制订教师培养规划，可以开展职前和在职培训、专家讲座、同类院校教师交流会等活动。[①]

为了培养具有深厚理论知识和强大实践能力的高素质应用型人才，高校需要建立一支结构合理、素质优秀、业务熟练、能力出众的应用型教师队伍。首先，应扩大专任教师的队伍，以降低学生与教师的比例。目前，各学校的学生与教师比例普遍高于本科高校的合格标准，因此，各学校应加大引进博士和行业专家的力度，以使教师队伍不断壮大。第二，高校应实施权利下放，并开展专业技术的评聘合一，并以此为契机进行人事制度改革，对现行以教学课时为中心、以科研项目为载体的评价体系进行改革，在确保评价标准不降低和评聘程序不改变的前提下，在教师职称评聘的条件中加入实践能力的要求，制定新的评聘方案，

① 陈联记，王升.高职院校培养应用型教师的策略研究[J].河北师范大学学报（教育科学版），
2021，23（5）：102-107.

将对科研能力和实践能力的要求放在同样重要的高度，这既有助于教师能够积极发挥主动性，参与实践能力的培训中，也有助于吸引更多有技能的人到大学任职。最后，学校应科学制订师资队伍建设发展规划，并结合自身的特点和优势，实行"走出来、请进去"来增加"双师双能型"教师的比重，一方面，定期开展教师教学业务培训，扶持、鼓励教师参加企业实践，把企业实践经历作为教师岗位晋升、职称聘任的条件；另一方面聘请企业的业务骨干、技术能手和负责人作为高校的兼职教师到高校制作相应的实践课件并对学生进行实习指导，提高学生的应用技术水平，并经常向专业教师和学生进行相关的演讲，向教师和学生传授产业前沿知识。同时，还要对教师实行规范化管理，设置科学合理的考评制度是促进应用型高校教师发展的重要方法。[①]

（八）改革人才队伍建设

人才是实现民族振兴、赢得国际竞争主动权的战略资源。新设立的地方本科高校要学会把握发展机遇，加快对高校教育的发展，重视对专业人才的培育，特别是拥有一批高水平高层次的人才和一批有着深厚学术造诣的、有着强大的教学能力的、品德高尚、知名度高的优秀教师人才。利用名师的影响力来带动教师队伍的成长。为适应国家、省、市区域经济社会发展和应用型人才培养需要，高校的人才队伍建设改革主要包括以下四个方面：

1. 加强顶层设计和科学规划

要结合学校"十三五"规划、综合改革方案和转型发展目标，根据人才培养和学科专业建设需要，在对现有教师队伍的数量与结构进行全方位的调研分析的基础上，在师资队伍建设尤其是引进培养上制订科学可行的前瞻性强的战略规划。注重各学科专业人才的合理配置、优化组合及平衡发展。加强中青年优秀拔尖人才和高层次人才队伍建设，实现教师队伍的年龄、职称、学历学位、学科专业和层次结构的优化。与此同时，制订实施相应的干部队伍建设发展规划，努力建设一支德才兼备、以德为先、事业为上、公道正派、忠诚干净、有担当的高素质专业化高校管理干部队伍。

---

① 王佳丽.我国应用型高校教师发展的问题与对策［J］.教育与职业，2017（13）：73-76.

2. 培育"双师型""双师双能型"人才

坚持引育并举，建立更加科学可行的高端人才引进培育机制，拓宽以"一人一策、一事一议"为核心的人才引进绿色通道。加大人才引进力度，形成优秀人才的聚集效应和规模效应。研究制定《紧缺急需学科专业特殊人才引进办法》，对于部分紧缺急需学科专业特殊人才试行高聘的办法，提高薪酬待遇并配套一定数额科研启动经费，不断提升这些岗位的吸引力，确保每年都有一定数量紧缺急需学科人才进校工作，加大柔性引才力度，聘请知名专家为特聘教授。高校要努力完善"双师型"教师引进激励机制，明确人才的引进只是完成了使用人才的第一步，更重要的是要重视对引进人才的后期培养，定期开展教师培训活动，不断激发人才的积极性和创造性，使其为学校的建设发展提供持续动力。①

强化"双师型"或"双师双能型"人才队伍建设。尽管1998年原国家教委在《面向21世纪深化职业教育改革的意见》中提出"双师型"教师队伍建设以来，理论界和实践界对所谓"双师型""双师双能型"教师的看法和表述还没有一个统一明确的答案。但综合各种观点，"双师型""双师双能型"主要指的是既能讲授专业理论课，又有一定实践经验、职业岗位经历、资格和能力的教师。从职称上说，既有高校教师职称，又有工程师等其他相关职称；从能力上说，既有作为教师的职业素质和能力，又具有相关的职业岗位经历、资格和能力。大家对"双师型""双师双能型"人才队伍对于应用型高校的转型和应用型创新人才的培养的重要性，认识是统一的。为此，应特别引进具有相关行业企业工作背景、产学合作经验丰富、技术服务能力较强的"双师型""双师双能型"人才。应用人才的汇聚可以利用协同创新项目及产教融合校企合作的平台，将优秀的技术人才及管理人员吸引到企业之中，还可以进入相关专业的教师队伍中，壮大高校的师资力量。在应用学科和工程技术学科领域，引进具备行业企业背景与学术经历的"两栖人才"；在石油化工、装备制造、新材料、纺织鞋服、食品和交通运输等地方主导产业、特色产业和新兴产业领域，引进具有博士学位的中青年应用型人才和应用型创新人才。

---

① 智永婷.应用型本科高校"双师型"人才引进的困境与突破［J］.沈阳大学学报（社会科学版），2022，24（4）：399-406.

高校还应培育"双师型""双师双能型"人才。对"双师型""双师双能型"教师在职称评聘、人才项目推荐和绩效工资分配方面制定奖惩激励机制，采取岗位培训、企业挂职等形式，有计划地安排教师到行业企业实践，建立"双导师"制度，加大行业企业兼职教师的遴选聘用力度。

3. 建设创新团队

美国学者大卫·布拉德福德认为，"有效的团队是取得卓越成效的关键所在"。[①] 我国高校应以现有国家的专家等高层次人才为核心，凝聚与组建相应的创新团队，在科研设施、人员配备和经费上予以倾斜，力争在科学研究、成果转化、服务地方、国际交流与合作等方面作出重大突破。

4. 引进培养国际化人才

实施国际化人才引进培养战略，引进优秀的留学归国人才和海外人才到校工作；选派中青年骨干教师赴国外高等学校或研究机构访学研修；鼓励和支持中青年骨干教师参加各级出国留学配套资助项目，参加海（境）外高水平国际学术会议。

三、行业企业深度参与

（一）及时反馈信息

要想培养出高素质的应用型人才培养，不仅需要高校本身做出努力，同时，也要求企业能够及时地提供有关资料。企业和行业应及时向高校反馈最新产业发展信息和人才需求情况，使高校在制定人才培养方案和课程体系时能够依据产业动态的变化，及时进行调整。同时，企业和行业应定期对毕业生质量进行评价，评价务必做到客观公正，这样也能促进各高校适时校正人才的培养模式。

（二）参与实践教学

企业应积极参与学校的实践教学。第一，关于人才培养目标，学校在制定人才培养目标和计划时，企业应积极参与，尤其是在制定学校的实践教学目标、方

---

① 大卫·布拉德福德，艾伦·科恩. 追求卓越的管理［M］. 北京：中国友谊出版社，1985.

案和评价标准等；第二，在企业内部选出优秀的职工参加学校教学，对学生的实践进行引导，学校的课程开发、教材编写和修改等工作都要参与，使应用型人才在实践能力方面得到提高；第三，通过开展"入校入企"工程，对高校建设实训场地的做法予以支持。企业可以通过为高校实验室和实训场地的建设提供资金支持，或者在高校内建立研发中心和生产车间等方式来帮助学生进行实习，锻炼学生的实践能力。还可以利用自己的场地，进行多轮次、小范围的企业实践，布置学生参加企业生产、研究和开发，并和企业中的其他部门进行协作和学习，使学生的实践水平得到提升。

第二章　高校应用型人才培养模式概述

本章的主要内容是高校应用型人才培养模式概述，主要从三个方面进行了论述，分别是高校应用型人才培养模式的内涵、高校应用型人才培养模式总体设计、高校应用型人才培养模式创新理论。

第一节 高校应用型人才培养模式的内涵

为更好地了解高校应用型人才培养模式的内涵，本文将首先介绍应用型人才的定义与人才培养模式的定义，之后再全面探讨高校应用型人才培养模式的定义。

一、应用型人才的定义

不同学者站在不同视角，对应用型人才的内涵也有着不同定义。在孔繁敏看来，人才通常有两种类型：一种人才是发现并研究客观规律的，他们的任务是以基础理论与应用基础理论的研究为主，建构某一学科或某一领域中的概念、定律与学说，并产出新知识；另一种是运用客观规律的人才——应用型人才，这些人主要是从事那些能够按照社会发展需要进行非学术研究性的研究工作，能将新知识应用于实践，使抽象的理论符号转变成具体的操作构思或产品。[①] 近些年来，很多学者详细地研究了一番应用型人才，有学者按照掌握与应用知识的水平把应用型人才划分为技术型、技能型与工程型。当前被人们普遍认同的观点之一就是按照发现规律将这些研究成果转化运用于生产实践这一过程，把人才划分为学术型、技能型、应用型三大类。学术型人才注重纯学术、纯理论方面的研究与探索；技能型人才注重培养的是实践技能；应用型人才不仅有着坚实的理论基础，而且还能在实践上拥有较强的实践能力，并能在实践中很好地应用理论知识。应用型本科人才的培养在知识建构、能力的培养、素质训练等方面提出了更高要求，主要表现为较强的应用能力、独立工作能力以及不断成长的才能与基础。

二、人才培养模式的定义

"模式"一词在《现代汉语词典》中指的是"某种事物的标准形式或使人可以照着标准做的样式"。[②]

[①] 孔繁敏.建设应用型大学之路［M］.北京：北京大学出版社，2006.

[②] 中国社会科学院语言研究所词典编辑室.现代汉语词典［M］.北京：商务印书馆，1996.

模式就是人们把在本质上拥有共同点的东西经过归纳总结之后，提升到某种具有相应指导性的标准形式。"人才培养模式"在20世纪80年代出现并在20世纪90年代中期得到发展，它是中国高等教育改革和发展的结果。20世纪90年代末，"改革人才培养模式"开始见于各个国家发展国民经济的若干重要文件上。许多学者对于人才培养模式的定义说法不一，大致分为教学方式说、方式方法说和构成要素说等。刘明浚主编的《大学教育环境论要》一书中第一次给人才培养模式下了定义，认为人才培养模式就是教学方式和学习方式的汇集，即在一定的办学条件下，为实现一定的教育目标而选择的教学模式。① 陈祖福认为人才培养模式就是一种方式或方法，即教育者为实现对受教育者构建知识、能力、素质结构，而选择的途径和方法。②

无论以何种视角来诠释，人们对于它的内涵都有着大致相同的理解：它是以某种教育观念、教育理论为指导，为了达到某种培养目标，在训练过程中采用的训练学生获得对系统知识、能力和品质的掌握的方法，并且在人才培养目标、课程设置、教学制度、教学方法、评价标准、保障措施、校园文化等方面实现了人才培养目标的各种元素的结构框架与运行组织方式。

三、高校应用型人才培养模式的定义

应用型人才指在理论知识和实践上都具备相当的能力，并能在实践工作中将理论知识进行应用的人才。所以满足经济和社会发展对高校应用型人才的需求就是新时期高校应用型人才培养模式的目标。在本科层次上培养出具有理论知识和实践能力，并能在实际工作中很好地应用理论知识的人才。它立足于新时代社会经济的现实需要，以一定教育思想与教育理论为指导，对人才的培养目标、规格、课程体系、评价标准、保障措施、校园文化等进行了科学的设计及其他诸种元素的结构框架与运行组织方式。

---

① 刘明浚.大学教育环境论要［M］.北京：航空工业出版社，1993.
② 陈祖福.迎接时代的挑战更新教育思想和观念［J］.中国高教研究，1997（3）：4-8.

第二节　高校应用型人才培养模式总体设计

一、高校应用型人才培养模式的组织架构

高校应用型人才培养模式要通过一个科学的组织架构才能保障模式的成功运行。高校应用型人才培养模式因其参与方的类型繁多且各参与方之间关系较为复杂，为确保人才培养模式能够顺利进行，高校的切入点应当选择培养应用型人才这一目标，遵循高等教育发展规律和高校对经济发展的适用性。我们把高校应用型人才培养模式组织架构总结如下：校企双主体、政府政策、企业实训驱动、职业标准、社会评价。

（一）校企双主体架构

所谓"校企双主体"，就是在应用型人才的培养上，高校与企业一起作为培养人才的主体。主体相对于客体，通常主体在总体上处于活动的倡导者、推动者与领导者的地位。在"校企双主体"当中，他们对于高素质应用型人才的培养就是他们的共同目标。"双主体"的培养模式就是对学校和企业在人才培养合作上的进一步强化，将教育向着市场和经济发展的需求靠拢，实现学校和企业之间在资源上共享，在人才的培养上相互扶持，不但可以补充企业人才和技术储备，也可以让学校的科技成果转化为实际生产。[①]

在应用型人才培养中，高校与企业之间的关系一直是困扰着高校发展的难题。"校企双主体"建立在学校与企业两个完全隶属于不同领域的个体之间的相互利益关系以及相互促进发展的基础之上。"校企双主体"理论一方面认识到学校与企业之间存在着密切联系，二者相互依存；另一方面"校企双主体"也强调学校和企业之间在发展上能够实现相互促进，学校给企业带来了发展，企业也会向学校反馈信息，双方互惠互利。"校企双主体"迈出了重大步伐，取得了显著的应

---

① 曾确令，陈捷．校企双主体培养电子商务人才的探索［J］．电子商务，2016（8）：72-73．

用型人才培养效益，将对我国高校教育的改革发展以及提高教育教学水平和质量产生重大影响。①

1. 高校是人才培养的永恒主体

大学自出现之日起，便承担着人才培养的任务。大学是专门培养人才的地方，大学所拥有的师资团队是非常专业的，大学是一个有着优秀学习环境的学习场所和培养人才的专门机构。大学是在政府的直接领导下建立起来的，政府给大学提供办学场地、办学经费、师资队伍和教学设施，并在政策与法律方面给予相应的扶持，保障了高校的运行，让高校成为人才培养的永恒主体。

（1）高校提供科学的培养方案

各高校通过制定科学培养方案来实现应用型人才的培养，培养目标、人才规格和课程设置都能够通过培养方案进行确定，而且这些方案均已通过验证，可操作性强。培养应用型人才的有利前提就是这些高校拥有的科学培养方案。

（2）高校提供专门的教师团队

高校会聘请一些专业能力强的教师来培养应用型人才，他们不仅在专业上有着很强的能力，在政治上和心理上也有很好的素养。他们需要符合"双师型"教师的资格要求，也就是说承担培养应用型人才的教师，要在理论知识和实践经验方面有着丰富的积累。

（3）高校提供专门的教学设施

为了培养应用型人才，高校不仅要向学生传授实际工作中需要的理论知识，还要对学生的实际动手能力加以培养。教师要利用好学校提供的专门用于教学的场地、各种实验设备和实习实训基地，采用一定的方法，让学生在学习中也能够进行动手操作，在训练场地内模拟接近实际工作的情况，才能让所培养人才满足企业的需求，人才培养质量才能够得到保障。

2. 企业是社会发展需求下的应用型人才培养主体

应用型人才既不同于研究型人才，也不同于技能型人才，应用型人才的培养需要企业和高校的携手培养，这种培养方式也是当前社会发展所需要的。如今，

---

① 刘惠坚，刘洁，康思琦，等."校企双主体"办学的内涵、路径、模式的探索与实践［J］. 中国职业技术教育，2015（8）：109-113.

用人单位需要的人才既要拥有相关理论知识，又要具备大量实践经验，因此，高校应和企业一起作为培养应用型人才的主要力量。作为应用型人才培养中的一个主体——企业，拥有更加强烈的责任感和参与应用型人才培养的热情。

（1）企业提供真实训练场地

高校在有限的校园面积以及经费额度下，所能够提供给学生的只是规模小且简易的实验室和模拟场地，而这些环境与真实的产业基地之间还有较大距离，这对应用型人才的培养会产生极大的影响。企业拥有本专业先进的设备、广阔的生产基地，可以弥补大学在实践环节上的不足。

（2）企业培养学生职业素养

如果学生没有真正地接受过实践锻炼，那么他们就不能感受到本专业真实的工作环境和知晓企业所需要的人才应具备的素质。当学生走进企业之后，才能切实地感受到这个企业所具有的文化氛围，才能明白学校里学到的理论和现实工作的要求之间存在的差异，才能明白未来的工作会是怎样。透过这些实际的体验，可以加速学生对自身薄弱之处的认识，并了解到自身还要在哪些方面进行强化。这就使学生的职业素养培养得到了加强，对学生未来的就业前景大有裨益。

企业在开展技术研发、产品升级时，要使学生真正地参与进来，感受技术的魅力，认识到应当将理论与实践技能放在同等重要的位置，将他们的上进心、创造力激发出来，成为更高水平的新时代建设者。①

"校企双主体"理论与我国高校应用型人才的培养需要十分契合，"校企双主体"对提升企业与高校在开展合作方面的积极性有着很大的帮助。"校企双主体"合作育人尚处在发展的初级阶段，必须以国家的政策和法律法规为依据，保障企业与高校关于合作育人项目的开展，解决企业的后顾之忧，才能推动企业积极响应国家政策，主动参与高校与企业协同培养应用型人才的队伍中。

（二）政府政策架构

高校对应用型人才的培养将知识和能力的结合作为培训的重点，也就是说，

---

① 易茜，王燕萍，严红霞，等.产教融合与应用型人才培养研究［J］.品位·经典，2022（12）：93-95，128.

高校在培养应用型人才时，既要让学生具备扎实的理论知识，也要让学生具备一定的实践能力。为了促进学生实践能力的提升和激励高校对应用型人才培养，我国政府在 1996 年提出了大力推动校企合作育人的政策。

1. 双主体组织体系

实现校企双主体合作育人，要求政府有关部门围绕双主体的组织体系进行构建。校企双主体的合作育人应当在政府的统筹下，建立校企合作育人的组织体系。首先，事务办率先在国家政府部门成立"校企双主体育人"，各省政府先后成立了以省级为基础的"校企双主体育人"事务办；其次，省属的"校企双主体育人"事务办鼓励各市教育部门积极参与推进校企合作的事务，使市教育部门对所辖地方的校企合作育人事务进行直接管理；最后，国家级、省级的"校企双主体育人"事务办要建立自己的信息管理平台，并做到信息公开透明，为高校与企业合作提供政府推进校企合作的信息。

2. 监管评价机制

政府不仅要推动校企合作，还要对双方的合作进行监督，并出台相关政策，对校企双主体的合作育人开展监管与评价机制的相关建设。可由国家级的"校企双主体育人"制定事务办监管评价机制，省级的事务办组织可结合各省的实际情况向上级提出相应意见。该监管评价机制的主要内容包括：对校企双主体有关信息进行审查和管理，政府要承担起审查校企双方有关合作资质、协议等信息，并建立档案信息；在适当的时间对校企双主体育人教学质量进行不定期的抽查，保持合适的抽查频率，发挥好政府对校企合作育人的督促作用；建立意见反馈渠道，鼓励高校、企业和社会各个领域的相关人员开展建议及信息反馈活动。这能够促使高校和企业更加积极主动地开展应用型人才的培养。

3. 奖励政策

通过给予积极开展校企共同育人的校企双方不同形式、不同幅度的奖励的方式，鼓励校企双方坚持贯彻合作育人。例如，可对参与培养高校应用型人才频率较高的企业提供部分财政补贴，或减免部分税收，或优先考虑其申报的项目等。对主动寻求与企业合作办学的院校，可予以财政补贴或奖励，也可在评优中予以重点关注。

（三）企业实训驱动架构

培养出能够实现理论与实践相结合，善于把理论应用于实践的人才是应用型人才的培养目标。高校主要负责对学生理论知识的教授，打下扎实的理论基础。由于经费、场地、设备等原因，高校能够提供的实践场所对应用型人才的培养不够理想，模拟环境与实际的工作环境之间有着很大的差距。所以要以企业实训为动力，以专业化、职业化的实训为手段，更好地落实应用型人才的培养。

1. 企业专业化实训

当企业参与双主体合作育人中时，对应用型人才进行的专业化实践训练就可以由企业来提供。第一，企业拥有优秀的行业专家，他们在实践方面具备丰富的经验，能够对学生实训进行引导；第二，企业拥有齐全精良的实训设备，有些在学校接触不到的器材，在企业这里也基本上都能见到，而这些器材也许就是将来工作中会使用的器材；第三，学生通过在企业中的实习，可以提前适应未来工作岗位，感受企业工作环境、企业文化等。

2. 企业职业化实训

学生能够在企业实训中获得从学生向企业员工角色转换的感受。学生通过在企业中的实习，体验到真实的工作情景，学生的稚气将会一点点地褪去，并在实际工作中发现自身存在的缺陷，督促自己更加认真地学习，珍惜当前的学习机会，不断强化自身的知识和能力，提升职业素质。因此，应当鼓励校企合作育人，让高校的应用型人才享受到企业的现场实训资源。高校学生参加企业实训对自身发展是一个良好的动力，有助于促进本科院校推动应用型人才的培养。

（四）职业标准架构

应用型人才的培养标准要通过职业标准来驱动专业人才培养标准的制定。将应用型人才培养模式与职业标准相联系，进而将专业自身优势与区域经济发展现状相融合，可以更好地推动学生知识体系构建和学科课程系统性融合，达到职业岗位需求和学科知识逻辑的和谐统一。为了能使学生适应企业岗位能力的需求，需要不断发展学生的应用能力，这决定了在培养高素质应用型人才时要如何确定培养目标。[①] 职业标准就是以职业分类为依据，按照职业内容，对从业人员能力水平提出规范性要求。职业标准，不但对从业人员所应具备基本能力做了标准化规定，更是在企业招人用人方面发挥了核心作用。职业标准的主要内容规定了企业对所需人才在知识、能力和素质等领域的实际需要。

1. 职业标准对人才知识的要求

职业标准中对于人才知识的要求，包括基础知识与专业知识两方面。基础知识是现代人才必备的知识，主要有生活的基本常识、人文和科技常识等。专业知识是具体到特定行业所需要具备的知识，如教师行业的从业人员必须具备相应的学科专业知识，机械行业的从业人员必须对机械方面的专业知识了如指掌。

2. 职业标准对人才能力的要求

操作能力、应用能力、语言能力和创新能力等也是职业标准中对应用型人才的能力要求。操作能力是进入该行业工作的基础，要想做好一份工作就必须掌握相应的基本操作技能。例如，教师就需要具备讲课的基本能力。此外，语言能力、应用能力和一定创新能力也是教师应当具备的能力。

3. 职业标准对人才素质的要求

任何一种职业，均有其职业道德。职业道德并非一时一事就能形成的，它是经过长时间的培养而形成的。职业道德包括职业品德、工作态度和规章纪律等方面，如医生要坚持治病救人的原则，老师要坚持教书育人的原则，警察要坚持维护社会治安的原则。职业素养是每一个员工必须具备的素质，他们虽然分工不同，却都向着一个共同的目标努力工作。

以职业标准为基础的应用型人才培养，其培养方式自然是与职业标准相兼容的。在这种方式下培养出来的人才不仅学识、能力和素质具有很高的水准，而且在职业素养上也有不错的素质。此外，他们还具备较强的应用能力和职位熟悉能力，能较快地适应工作环境、胜任工作。

① 张晶，卢智嘉，王现彬，等. 与行业职业标准衔接的应用型人才培养模式研究——以通信工程专业为例 [J]. 石家庄学院学报，2019，21（3）：157-160.

（五）社会评价架构

长期以来，学校一直作为应用型人才评价工作的主要实施者。学校承担着对学生各个方面的考核任务。然而对于应用型人才来说，社会评价也是人才考核的重要方式。社会评价就是一些没有经过任何教育主管部门委托的、具有一定权威性的社会团体独立自主地对应用型人才的培养工作进行评价，它主要是社会用人单位评价学校所培养的学生是否符合社会需要。应用型人才需要走上工作岗位并为社会服务，所以高校对其进行的社会评价应当加以强化和重视。

1. 社会评价的评价内容

企业对应用型人才在德、能、绩等方面的考核就是社会评价的主要内容。"德"就是指应用型人才的思想品德与职业道德；"能"包含如语言能力、计算机能力、操作能力以及创新能力等某一个职位所需要的各项基本能力以及专业能力；"绩"是指职员在业绩方面的能力，如评价销售人员时要参考其销售业绩，评价教师要参考其教学成绩等。在此基础上，还有一些部门对于人才就业情况进行评估，如麦可思就是专门以毕业生为调查对象开展就业调查，调查内容涉及就业率、就业满意度等各个方面。

2. 社会评价的评价方法

社会评价的方式有以下三种：

（1）人才市场实地调查

在人才市场上对应用型人才开展调研时，可以利用设计问卷调查或者访谈的形式开展。也可以利用上面的方法同时调查企业及求职的应用型人才，以了解企业对于应用型人才的需求、当前应用型人才就业的总体状况。

（2）建立网上信息平台

搭建一个专门开展社会评价的平台，将该平台与高校的招生系统、就业系统等联系起来，这样就可以对学生的就业状况进行了解和把握，对人才培养状况和就业形势也能够通过企业和人才的留言等方式收到反馈。透过招生的情况，可了解学校和学校的专业在学生和家长心中的评价。

（3）建立大型社会评价调查

每隔五年，组织有关单位调研应用型人才的就业情况，了解应用型人才在就业的企业中的评价、对所做工作的感受以及对母校的建议。

社会评价的功能主要是可以将当前企业在应用型人才培养方面有哪些具体需求反馈给高校，以及了解当前已经就业的大学生对工作的感受。各院校通过对这些信息反馈，可以对自身的教学方法进行进一步的调整，从而更加有效地开展应用型人才的培养工作。

二、高校应用型人才培养模式的运行保障

地方本科院校进行应用型人才培养的运行保障包括明确人才培养目标、优化人才培养方案、学科链与产业链对接、增强"双师型"教师队伍等。

（一）明确人才培养目标

高校应该在人才培养目标中明确向着何种方向培养学生。有些地方院校不是十分清楚自己的人才培养目标，不知道应该将学生培养成怎样的人才，甚至去照搬某些重点高校学术型人才的培养方式或直接向技术人才方向培养。而地方院校如果想要向应用型转变，就必须正确认识到应用型人才的培养目标，应用型与学术型、技能型不同，具有其独特性，应用型人才的培养要注意将基础理论知识培育与学生实践能力培养相结合。应用型人才的培养应着眼于其应用性与创造性，应本着服务地方的宗旨来开展。

（二）优化人才培养方案

当下，高校教学工作的核心任务是人才的培养方案，它是与人才培养目标有关的总设计方案，关系到如何组织教材材料、确定教学过程和教学大纲等，并且人才培养方案的质量会对学校的教学质量和培养的人才质量产生直接的影响。在人才培养方案制定方面，各院校可邀请企业专家和企业工程师共同参与制定，并提出相应意见，以免人才培养方案与实际脱节或过于老套。企业专家可以敏锐地把握行业发展趋势，能快速捕捉到发展动态并给予预判。

（三）学科链与产业链对接

高校在建设自身专业学科时，要注意专业学科与地方产业的结合，要把学校的学科链条和行业的产业链条衔接起来。因为学校通过自身专业与学科的发展引领当地产业的发展，而当地产业的发展又可以反过来推动学校专业学科的进步。学生的就业也能够在学科链和产业链的对接中得到促进，使学生学有所用。学生在经历了四年的专业学习之后，能迅速地适应工作岗位，把所学知识运用到实践中。

（四）增强"双师型"教师队伍

应用型人才的培养，需要"双师型"的师资来支撑。总体上看，当前地方院校十分缺乏"双师型"的教师，地方高校应当以建立一支自己的"双师型"教师队伍为目标。首先，在本校青年师资中开展"双师型"教师的培养工作，让他们到企业参观、参加企业项目研发、鼓励他们考取专业技能证书等；其次，注重引进有着丰富实践经验和理论知识的"双师型"优秀教师，并提供较为优厚的待遇招贤纳士；最后，将企业中具备丰富工作经验的人才，聘请到学校担任教师，帮助其成为一名合格的"双师型"教师。

三、高校应用型人才培养模式的课程结构

课程在人才培养中处于核心地位，它是能够帮助人才从知识、能力和素质方面进行综合发展的媒介。地方需要、企业追随、社会满意、学生成长是课程建设的目标，对于应用型人才来说建设一个独特的应用型人才培养课程体系是十分重要的。综观当前部分院校培养应用型人才的课程体系，普遍存在着重理论轻实践、重必修轻选修、无法及时更新课程体系等各种问题。那么，科学的课程体系应当由谁来制定、怎样制定、制定什么样的课程体系以及如何落实这一课程体系就成了应用型人才培养模式中的关键与难点问题。

（一）企业专家团队与高校教师联合制定课程

企业中的高级工程师和管理人员共同构成了企业专家团队，他们在项目与管理方面均拥有丰富的经验，并对行业内前沿的技术知识有着深刻的了解，同时了

解企业对于职工在知识和技能上的要求。课程制定引入企业专家团队的参与，才能促进学校教授的课程切实地与行业发展现状相联系，让行业的前沿知识能够通过课堂传递给学生，让学生对行业发展态势进行提前认识、在就业前就能收获一定的职业经验、获得职业信心。同时学校教师均具有丰富的理论知识和较深的理论研究基础。在课程设置上有学校教师的参与，能够确保学生获得专业的理论知识，为学生在后期实践课程的学习奠定扎实的理论基础。

（二）课程体系理论与应用兼顾

理论变为实践并能对实践进行一定的创新，这是对地方本科院校所培养的应用技术型高层次人才应当具备的素质的要求。要达成这样的人才培养目标，就需要有相应课程的支持。就理论变为实践的能力而言，掌握一定专业理论知识是理论向实践转化并实现使用价值的前提，而学生获取专业知识也需要相应专业课程的支持。但是，学生如果想要充分了解和掌握基础理论知识，仅仅通过理论学习是不可能实现的，更不可能实现对学生进行实践能力的培养，因此应用型课程的开设也是非常有必要的。

（三）研发新教材

高校要注重教材的研究和开发，在编写教材时，应扶持企业内部高级工程师和高级讲师帮助编写，以使得教材能够贴近企业实际应用中的理论和实操教学内容，覆盖业内最新技术和最新理念，确保内容充实，易学易懂。使学生真正做到学有所获、用有所得、学有所得，使学校和企业人才培养体系真正对接起来。

（四）开发在线开放课程

学校网络课程也因为教育新技术的发展在技术上得到了更多的支持。学校应在教师队伍的组建上着力打造一支一流的教师团队，采用一流的教学内容、教学方法和教材等，并与本地区的企业和其他院校共同使用慕课（MOOC）等平台进行网络课程的开发。这样做既可以将本地区最好的教学资源进行整合，用以研发精品课程，又可以让学生自由选择学习时间和学习内容，即便学生在企业进行实践，也能够不中断对专业知识的学习。

第三节　高校应用型人才培养模式创新理论

一、利益相关者理论

"利益相关者理论"最初属于经济学领域中的概念，是斯坦福研究所于1963年提出的。无论是利益相关者理论还是股东至上理论，都与企业及企业管理相关。股东至上理论以股东为公司所有人的核心，公司的一切活动都是为了使股东利益得到最大限度的实现，股东即公司投资者，他们是剩余风险的承载者，从法律上讲，公司的所有权与控制权都被股东掌握，董事会应为股东利益最大化而开展活动。但是与其相对的利益相关者理论则是，"斯坦福大学研究小组最早对利益相关者进行了定义，认为对于企业来说，没有利益相关者的支持，企业也就没办法继续存在。"[①] 在此之后，利益相关者理论在西方学者间流传开来。

20世纪80年代，弗里曼认为利益相关者是指"能影响组织行为、决策、活动或目标的人或团体，或是受组织行为、决策、政策、活动或目标影响的人或团体。"[②] 由这一定义可以看出：利益相关者必然与机构有着一定的关系，而这一关系既可能自发又可能被动地存在着，可能与该组织最高层相联系，也可能是最底层。即使在该组织以外的人，也一定要以和组织发生联系为条件。这些个人或群体中，既有为实现企业目标始终陪伴的，又有为实现企业目标过程中所参与或受影响的。

利益相关者理论一经提出便得到广泛的应用，它从经济领域蔓延到管理领域和政治领域，并且还极富创新性地使用在高等教育学领域。罗索夫斯基曾任哈佛大学文理学院院长，他在《美国校园文化——学生·教授·管理》一书中，"所有权"含义中提出高校的"拥有者"这个观点，并且将大学拥有者分为四类群体。[③]

---

① 谢维和.教育活动的社会学分析一种教育社会学的研究［M］.北京：教育科学出版社，2000.

② R.爱德华·弗里曼.战略管理利益相关者方法［M］.上海：上海译文出版社，2006.

③ 亨利·罗索夫斯基.美国校园文化——学生·教授·管理［M］.济南：山东人民出版社，1996.

国内学者胡赤弟在《教育产权与大学制度构建的相关性研究》一文中确立了大学的利益相关者的分析构架，并将利益相关者理论创造性地应用到大学办学主体的重塑中，提出了利益相关者高校的"主导和协作"的治理模式，并且对利益相关者高校的管理者内外部管理结构进行了规划，胡赤弟认为利益相关者理论可以应用到高校的治理、高校的社会责任以及友好合作中。[①]

高校培养应用型人才会涉及众多的利益相关者，其中包括政府、大学行政官员、教师、学生、捐赠者和企业合作方等，在协调各群体之间的关系时要灵活运用利益相关者理论，在高校这一组织里只有各方面利益都能够兼顾并达到共同的目标，才能唤起各方积极参与的热情，一起参与应用型人才的培养活动中。

二、实用主义理论

实用主义是一种起源于 19 世纪 70 年代美国的哲学思想，其中被传为"经典的实用主义者"的有皮尔斯、詹姆士、杜威。皮尔斯开创了实用主义，并将"实践"一词运用到哲学中，通过实验的方法认识事物和证实事物。凡是有想要知道的事情，科学家认为最好的办法都是用实验去证实。詹姆士在之后对这一观点进行了推广，并把实验这种做法界定为实用主义。詹姆士集实用主义哲学之大成，在实用主义哲学家中具有卓越的代表性，他肯定了皮尔士认为的实验是了解事物的方法，并且将实践看作辨别真伪的有效标准。[②]

杜威对实践非常重视，"经验"表现在杜威哲学思想中处于特别突出的位置。而且在他看来，经验、生活、行为和实践都是同义词。杜威在教育领域使用实用主义哲学作为指导，美国的高等教育受到他的实用主义理论的深刻影响。在实用主义教育价值观的引导下，美国大力地推行专业教育和职业教育，二者的发展十分迅速，特别是社区学院为美国人拓展了接受高等教育的机会，美国的社区学院以其低廉的学费、提供转学、具有针对性的课程以及再就业教育等诸多优点，使大批的美国民众甚至海外留学人员进入学校进行学习。在美国高等教育中，社区学院迅速占据了重要地位并开始大众化。

① 胡赤弟，邬大光.教育产权与大学制度构建的相关性研究［J］.高等教育研究，2005（2）：86.
② 饶娣清.论实用主义精神［J］.湘潭大学学报（社会科学版），1994（4）：147-151.

民国时期，杜威还尚未到中国，其实用主义教育思想就在中国流传开来，首先是黄炎培大力倡导"学校采用实用主义"的教育思想，然后是蔡元培对杜威"实利主义"教育思想的公开推介。杜威来到中国以后的两年多时间，他各处讲学，让其观点得到媒体的宣传报道，他的思想在中国得到了广泛的继承。[①]

教育与生产的联系是实用主义教育强调的部分。在社会发展的影响下，社会对人才有着更高的要求，人才既要有坚实的基础知识，又要有高超的技术操作。它要求学校教育必须对社会发展动态和科学技术前沿进行持续关注，才能使自己的学生在培养出来之后能够满足社会的需求并更快地适应工作。教育融入企业，学生既能够在锻炼中获得实践操作技能的提升，让自身的理论知识不断巩固升华，也能在理论的支持下使实践得以更为顺利地开展，使理论知识和实践得到完美融合，从而使培养出来的人才更适合企事业单位的要求。

实用主义理论可以运用在我国大学的应用型人才培养过程中，并且还可以吸取美国开展社区学院的部分经验。美国的社区学院对人才的培养是通过与各行各业开展合作，对行业人才进行联合培养的模式。这些学生不但拥有坚实的理论知识，也具备一定的动手实践能力，学生在进入企业后很快就适应了工作。合作育人还能给学校减负，使教学资源得到增加，让企业也能找到满足自身需要的人。

三、建构主义理论

建构主义是在整合了后结构主义、批判理论和解释学等理论成果之后发展起来的，和传统学习理论相比是截然不同的。建构主义在处理知识学习的问题时，更多地从发展的视角出发。建构主义将学习视为一种动态的活动，它强调学生主动的自主性，它的生成和建构是基于学生已有经验的内化，而这个过程通常是通过与社会交互作用来实现。传统学习理论认为，人类智慧的结晶就是知识，同时知识也是正确看待客观世界的一种认识。它在生成之后，便可独立于认知主体以外而作为实体存在，并不断累积与传播，即我们能够将知识从一个人传给另一个人。

18世纪时，建构主义开始出现。著名的哲学家维柯提出"人只能认识自己所

---

① 任红亮.杜威的实用主义教育思想对中国教育的影响［J］.科教文汇（上旬刊），2007（6）：6-7.

创造的东西"以及"真理即创造"等思想,[①] 后扩展于德国古典哲学家康德的"主体建构客体""哥白尼倒转"学说。[②] 建构主义理论中的先驱还包括维果茨基与皮亚杰。维果茨基提出了"文化历史发展理论",开创了社会建构理论。皮亚杰对建构主义概念进行了清晰界定,皮亚杰给出的"认识来源于主客体的互相作用"的"主客体双向建构"理论奠定了个体建构主义思想的理论基础。[③] 的理论使建构主义理论得到了充实,也为建构主义接下来的发展打好了基础。

建构主义不仅在心理学界得到了支持,而且在哲学领域、教育领域也同样发挥了极大的影响和作用。建构主义通过向人们展示其新颖的视角和与现实条件相符的特征获得了认可,并逐渐流行开来,成为西方重要的学术流派。在教学领域中,许多新颖的看法被建构主义引入,建构主义突破了传统观念,它关注的焦点从之前的传授客体转移到了学生主体身上,即从知识内容向学习者转移,从而影响了教师的教学,也开始从注重知识传授向更注重学生学习的主动性及师生之间的交流互动方面转变。

传统教育理念在建构主义的影响下发生了改变,不论从理论基础上还是从课程教学上,都对教学目标、教学内容等方面产生了全新的挑战。

建构主义的"情境教学"在大学应用型人才培养中的合作教育方式得到了充分体现。建构主义不仅能够向学生传授理论知识,还可以向学生提供企业或实践基地,以便促进学生情境化学习的开展,并在实际情景中去检验与研究问题,从而使学生在实践中去验证所掌握的理论知识,同时也反映出建构主义所强调的是学生学习的主动性。在获得理论知识之后,普通学生在实践起来更容易获得实用的技能,对自身的缺失产生更清晰的认识,更清楚应该学习什么以及未来事业的走向和所处的环境。学生在真正了解了自己的需要后,便会主动地开始学习。解决现实情景问题的能力是高校应用型人才培养最值得关注的,这与建构主义所提到的情景教学是比较契合的。

① 李子建,宋萑.建构主义:理论的反思[J].全球教育展望,2007(4):44-51.
② 张银蒲,申彦春,姚明林.基于建构主义的应用型人才培养模式的研究[J].继续教育,2011,25(5):18-20.
③ 刘万伦.建构主义教学思想及其在我国的本土化问题[J].比较教育研究,2005(7):7-11.

第三章　高校应用型人才培养模式改革

本章的主要内容是高校应用型人才培养模式改革，主要从三个方面进行了论述，分别是高校应用型人才培养模式改革理论思考、高校创新创业应用型人才培养模式改革、高校校企合作和产教融合应用型人才培养模式改革。

第一节 高校应用型人才培养模式改革理论思考

"我国大学教育要加大对'复合型、应用型、创新型、国际型'人才的培养力度。"[①]鉴于应用型创新人才是把专业所学的理论和技术、技能应用到实际的生活、生产、管理中的应用型人才，应用型创新人才培养必须着重并优先瞄准人才培养的应用型和创造性，同时也要强调和兼顾复合型、国际化，这在强化面向世界、强化国际交流与合作的今天，有着重要的现实意义，这几个方面必须有机统一地落实在培养目标、培养过程、培养结果、考核评价，以及具体的课程设置、教学模式、专业实践、教材建设等高校应用型创新人才培养模式的各环节之中。在高校应用型创新人才培养模式方面，不论国内还是国外，都有着多元模式的实际情况和特点。

一、高校应用型人才培养模式改革问题的提出及相关思考

由人才培养而衍生出来的人才培养模式，需要适时进行改革。人才培养模式改革，就是基于人才培养及其模式所出现的问题或矛盾而提出的。

20世纪80年代以来，有关人才培养模式的问题广泛引起我国高等院校的关注。关于"人才培养模式"的构想，国内有不少学者尝试给它下一个定义。1983年文育林发表《改革人才培养模式，按学科设置专业》一文，对高等工程教育培养模式如何改革进行阐述，成为高校最早提出"人才培养模式"概念的代表性文章。

20世纪90年代以来，有关人才培养模式改革问题的研究呈较快增长趋势。1993年，刘明浚在《大学教育环境论要》一书中，第一次明确地定义了人才培养模式的概念，即"在一定办学条件下，为实现一定的教育目标而选择或构思的教育教学模式"[②]。1998年，教育部首届全国普通高等院校教学工作会议召开，时任

---

① 黄进.世界一流大学建设与一流本科教学的创新——中国政法大学的理念与实践［J］.中国高教研究，2016（06）：11-16.

② 刘明浚.大学教育环境论要［M］.北京：航空工业出版社，1993.

教育部副部长的周远清对"人才培养模式"概念进行了阐述。所谓"人才培养模式",主要是指人才的培养目标(包括方法或手段)与培养规格。

"人才培养模式"的定义还包括:其一,学校为学生构建知识、能力与素质结构,并提供实现该结构的方式或方法;其二,依据相应的教育思想和教育理论,在培养过程中为了达到培养目标(含培养规格)所采用的标准构造样式及运行方式;其三,是将教育思想、教育观念、课程体系、教学方式、教学手段、教学资源、教学管理体制、教学环境等,按照一定的规律进行整合并实施的教学活动;其四,是对由教育理论、教育思想等组合而成的教育本质的反映。

1998 年,教育部下发《关于深化教学改革,培养适应 21 世纪需要的高质量人才的意见》文件,这是我国教育行政部门首次对"人才培养模式"概念进行界定。即"人才培养模式"是指:学校为学生构建知识、能力与素质结构,并提供实现该结构的方式或方法。这从根本上对人才特征进行了规定,集中表现为教育思想与教育观念。

上述对"人才培养模式"概念进行的界定,既有共同之处,也有不同之处。共同之处表现为:都是将教育思想、教育理论作为指导开展人才培养方式的依据;不同之处表现为:从培养模式指向来看,有重视培养目标或重视素质结构的不同。有关培养模式属性的探讨,部分学者认为其应为一种静态的"方式",还有部分学者认为其应被看作一个动态"过程"。而多数学者则认为,其应被看作静态和动态的结合。有关对人才培养模式外延的讨论,少数学者认为其应涵盖教育管理活动的全过程,而部分学者又将人才培养模式局限于"教学活动"范畴内,其余学者则站在中间立场进行分析。

近几年,随着国际上对应用型创新人才培养的重视和开展,德国、芬兰、加拿大、美国等一些国家也已建立起较为完善的应用型创新人才培养模式,如德国的应用科学大学人才培养模式,主要致力于培养高级应用型人才,注重学生能力的提升并尤其看重学生实践经历;芬兰的多科技术学院人才培养模式,致力于为企业输送高级技术人员和管理人员,非常强调对学生能力的培养;加拿大和美国的能力本位教育人才培养模式,以能力为人才培养的目标和评价标准,一切教学活动均围绕综合职业能力的培养展开,实施程序具体包括就业市场分析、能力分析、课程开发与编制、教学设计与实施、教学评价和课程的修正与更新。实践证明，以上这些应用型创新人才培养的模式在推动本国应用型创新人才培养上都发挥了积极而显著的作用。

这些国家本科应用型创新人才培养模式各具特色，其在本科应用型创新人才的培养目标、课程设置、教学模式等方面都不尽相同，但同时也存在着一些共同的基本特征，即能力为本的培养目标、应用导向的课程设置、实践中心的教学模式、全方位的校企合作。积极学习和借鉴发达国家本科应用型创新人才培养的先进模式和经验，探索形成我国的应用型创新人才培养模式，对促进我国本科应用型创新人才的培养具有十分重要的意义。

在高校应用型创新人才培养模式改革方面，国内许多高校都开展了不少有益的探索，也取得了显著的办学成效。多年来，高校对这方面的研究和探索，在一定程度上可以说有力地推动了所在学院的应用型创新人才培养模式的改革创新和应用型创新人才的培养，成效显著。

在实践和研究的过程中，我们可以发现，与其他的人才培养模式相比，高校应用型创新人才培养模式的特点主要表现为以下四个方面：

第一，在理论知识的学习上，鉴于这种人才的知识结构主要是围绕着一线生产、管理、生活的实际需要加以设计的，因此，在课程设置和教材建设等方面，特别强调应用导向，强调基础、成熟和适用的知识，而相对淡化对学科体系的强烈追求和对前沿性未知领域的高度关注。

第二，在应用型和创造性能力的培养上，鉴于这种人才的能力体系也是围绕一线生产、管理、生活的实际需要加以设计的，因此，在能力培养中特别强调"理论、技术和技能的应用能力""创新能力"，突出对基本知识、技能、技术的熟练掌握和灵活应用，而相对淡化对科研开发和科研创新能力的高要求。

第三，在培养过程中，应用型创新人才培养更强调与一线生产实践的结合，更加重视实践性教学环节如实验教学、生产实习和社会实践等，更加强调与产业、企业紧密联系，发挥协同育人作用，改革以学校和课堂为中心的传统人才培养模式，坚持理论知识的学习与实践训练相结合的培养模式。

第四，在办学目标上，着眼于应用型创新人才培养的学校，其办学目标更加强调以能力为本位、以服务为宗旨、以就业为导向，面向市场、面向产业、面向社会。

高校应用型创新人才培养模式的这四个主要特点，均体现在改革实践中。这几种人才培养模式的根本目标都是培养应用型创新人才，都始终秉持应用和创新为导向，都特别强调理论联系实际、学以致用、适应社会需要，但是也各有侧重，各具鲜明的特色，可谓共性与个性的统一。这就使得高校应用型创新人才培养呈现多元模式、众彩纷呈、殊途同归的良好局面。在实践中，有些专业侧重应用和探索其中一种模式，有些应用两种模式，有些则三种模式都用到甚至更多。这些模式既各有侧重，在实际工作中又交叉融合，它们从不同的角度、不同的方面促进人才的培养。

二、高校应用型人才培养模式改革理论分析

在创新驱动发展战略和教育的综合改革与转型发展的新背景、新形势下，高校应用型创新人才的培养，一是应该贯彻和反映创新驱动发展战略的思想；二是应该贯彻和反映包含素质教育思想在内的现代先进的教育思想；三是应该贯彻和反映现代先进的教育教学理论观点；例如，布鲁纳的发现教学理论、赞可夫的发展性教学理论、瓦根舍因的范例教学理论、巴班斯基的最优化教学理论、信息加工学习理论、建构主义学习理论、个别化学习理论等；四是应该贯彻和反映创造性研究和应用性培养的理论观点。

上面提到这些先进的思想理论对应用型创新人才培养具有重要的指导作用，在应用型创新人才培养中，应科学地运用这些思想理论的主要观点方法，尤其是下面这几种思想理论最为重要：

（一）创新驱动发展战略思想

实施创新驱动发展战略，是立足全局、面向未来的重大战略，是加快转变经济发展方式、增强经济发展内在动力和活力的根本措施。

2012年12月，党的十八大明确提出关于"实施创新驱动发展战略"的要求，强调科技创新在提高社会生产力、增强综合国力中的重要战略地位，必须将科技

创新置于国家发展全局的核心环节。另外，会议还指出，必须坚持朝着中国特色自主创新之路前进，用全球化眼光规划和推进创新，增强原始创新、集成创新与引进消化吸收再创新的能力，同时要狠抓协同创新。

实施创新驱动发展战略，是一个立足全局、着眼未来的重要战略，也是加快转变经济发展方式、破解经济发展深层次矛盾与问题、增强经济发展内驱力的根本举措。创新驱动发展战略，决定着中华民族未来的命运和走向。

2015 年 3 月 13 日，中共中央、国务院联合印发《关于深化体制机制改革，加快实施创新驱动发展战略的若干意见》。同年 6 月 11 日，国务院下发《国务院关于大力推进大众创业万众创新若干政策措施的意见》。

2017 年 7 月 13 日，国务院常务会议讨论通过《关于强化实施创新驱动发展战略进一步推进大众创业万众创新深入发展的意见》。同年 10 月 18 日，党的十九大报告再次强调了实施创新驱动发展战略，加快建设创新型国家。党和国家实施创新驱动发展战略的重大决策，是推进中国特色社会主义伟大事业不断前进的重要战略部署。

创新驱动发展战略，其核心和要害是创新，根本是创新人才。

创新在引领社会发展中发挥着关键动力作用。创新即是发展，创新即是未来。应将科技创新摆在实施全面创新的首要位置，应将青年人才视为科技创新的希望和根基。实施创新驱动发展战略，关键在人才，拥有一流的创新人才，才能拥有科技创新的优势与主导权。应将创新驱动发展战略作为一项系统工程推进，通过深化教育改革、推进素质教育、创新教育方法及提升人才培养质量等举措，全面构建利于创新型人才培养的育人环境。

因此，创新驱动发展战略思想对于学校的改革创新与科学发展，对于培养应用型创新人才，都具有重要、深远的战略指导意义。

（二）素质教育思想

培养应用型创新人才，本质和核心是培养人的创造性的一种创新教育活动。创造性是一个人高层次的素质，在我国，创新教育主要是在应试教育转向素质教育的教育改革大潮中提出的一种以培养创造性人才或者创新人才为目标的教育思想、教育活动和教育模式。创新教育是素质教育的重要组成部分和主要渠道，为此，培养本科层次应用型创新人才要以素质教育思想为指导。

1999 年 6 月 13 日，中共中央、国务院召开全国教育工作会议，在《关于深化教育改革，全面推进素质教育的决定》中指出"实施素质教育"的内容，即全面贯彻党的教育方针，以提高国民素质为根本宗旨，以培养学生的创新精神和实践能力为重点，造就"有理想、有道德、有文化、有纪律"的、德智体美等全面发展的社会主义事业建设者和接班人。

素质教育是新形势下全面贯彻党的教育方针的教育，其根本目的是提高国民素质，主张尊重学生身心发展特点，遵循教育规律，让学生能够更加活泼主动地发展。这说明素质教育思想具有五点要义，分别是：素质教育的实质就是全面贯彻党的教育方针；实施素质教育，其根本目的在于提高国民素质；素质教育以培养"德、智、体、美、劳"全面发展的社会主义"五有"青年为目标；素质教育注重对学生创新精神与实践能力的培养；素质教育的内容是强调学生的"三个发展"，即学生的全体发展、全面发展和个性发展。高校应用型创新人才培养要认真贯彻落实素质教育思想，才能顺利实现以创造性发展为重点的全面素质目标。一句话，素质教育思想对于高校应用型创新人才培养具有重要的指导意义。

但是，应用型创新人才培养仅有上述创新驱动发展战略思想和素质教育思想指导还不够。因此，高校应用型创新人才培养需要有完整的思想理论指导体系。在此体系中，用创新驱动发展战略思想对相关的具体思想理论进行判断、选择和宏观指导，而相关的思想理论又反过来对创新驱动发展战略思想支持和保证。

（三）主体教育理论

创造性学习突出学习者主体性。主体与客体（subject and object）原本是一个哲学概念，它是用来解释人类实践活动与认知活动之间关系的一对哲学范畴。主体是实践活动与认知活动的承载者，客体则是主体实践活动与认知活动所指向的目标对象。在开展教育教学过程中，学生的学习活动都具有明确的内容和对象，这些对象与内容即为学习客体。而学生就是学的活动的主体，教师是教学的活动的主体。不少研究者认为，教育要促进学生的现代化，就必须重视培养学生的主体性，使他们成为有进取意识和创造精神的社会主体，并认为弘扬学生的主体性是当代教育的主题，是正确作出教育价值取向、提高教育质量与人的素质的关键。[①] 学生应成为学习的主体是国内外广泛认同的一种观点。

近代哲学注重从探究外部世界到探究人的内心世界，再到反思人自身命运与价值。主体教育理论其实就是关于教育主体和引导教育实践变迁的哲学。高校应用型创新人才的培养应将主体教育理论作为重要理论加以指导，突出对学生主体地位的尊重，并在教育教学的过程中充分发挥自主性与创造性，不断增强学生创新意识与创新能力，并最终把他们培养成一个能自学的社会主体。

（四）产出导向理论

产出导向理论就是一个很有实际意义的理论成果，该理论指导下所产生的应用型高等教育也越来越受到关注并得到迅速发展。应用型高等教育引入我国的时间并不长，我国对于应用型本科高校办学尚处在探索和实践阶段，培养应用型人才，理论研究还不够深入，实践探索才刚刚开始。

为此，我国高校转型发展可以借鉴发达国家或地区办学经验，减少机会成本，达到弯道超车的目的。同时也要注重与社会需求紧密结合，培养出更多适应经济社会发展要求的创新型人才。在近几年国内高校转型发展探索与实践的基础上，不断地吸收和借鉴高等教育理论研究中的最新研究成果，基于产出导向的理论，指导人才培养模式的改革与创新，解决在应用型人才培养体系建设中出现的一些新情况、新问题，以期望促进高校转型发展取得实实在在的成效。

产出导向理论秉承了"学习产出"这一组织标准，强调以学习活动为载体，使学生通过独立的思考，在完成任务的全过程以及团队协作的形式等方面，充分展示学生开创性思维、创新性探索、综合性分析以及开放性协作的综合能力。因此，该理论也被称为一种新的教育模式，它要求教师从教学目标出发，以培养学生实践技能为核心，注重对学生创新意识及创新能力的提升，进而促进教学质量的提高。但与人们平时所说的素质教育相比，产出导向的思想具有如下几个特征：

第一，注重确认受教育者已有的能力。任何教育活动的进行，都必须以确定

---

① 安平．"教育与人"研讨会综述［J］．教育研究与实验，1989（3）：17-19．

全体受教育者能够学好为前提，要给予充分的引导和机会，使之把握和展示自己的才能。

第二，根据受教育者已有能力与水平，组织教学活动。该思想主观上并没有刻意追求受教育者拥有完整的综合素质，故教学活动的实施是基于受教育者已有能力与水平的考虑。

第三，没有刻意追求让受教育者的综合素质得到全面提高，而是使受教育者能通过岗位工作的培训，实现持续提高岗位能力和职业发展水平的目标。

第四，教师从事的教学更具指导性，如对学生现状及需求进行综合分析，以及制定教学策略；教学时根据实际情况做了必要调整，形成良性的反馈机制等。

第五，教学活动安排可灵活多变。

第六，强调受教育者根据个人的兴趣、需要与水平进行学习，对于受教育者来说，更是一种对于其将来在职业岗位上可持续发展能力的培养。

高校通常是将"应用型"作为学校的办学方向，把应用型人才作为人才培养的目标，为地方经济社会发展服务。多年来，凭借地方经济社会发展对于应用型人才的普遍需求，高校培养出一大批地方急需的人才，但是如何提高与当地产业发展契合度，为地方转型升级、可持续发展提供服务，并且培养出社会真正所需的高质量应用型人才，在本科高校转型发展进程中，始终是学界普遍探索和研究的热点。

本科高校要实现转型发展，重在对人才培养体系进行全方位的改革创新，而不是个别或部分地进行改革。本科高校转型发展，是高等教育改革与发展步入攻坚期的产物，是在深水期的新情况下站在全局和整体的高度，从系统角度出发，设计、执行并促进从办学定位、模式发展等方面进行全方位、综合性的改革。

应用型人才培养是高校转型的核心和根本点。应用型人才的培养，关键在于人才培养目标与规格"应用型"上，它的实质是要求所培养的学生不仅应掌握研究型人才所必须掌握的一些理论基础知识，还应具有一般认为的专科教育所需的实践动手能力，也要在毕业之后达到一个更高的发展阶段，继续成长和成才。让学生"知其然"还必须"知其所以然"，更需要坚持"求其然而然"地培养高素。达到这一人才培养规格，要在重构课程体系、革新课程内容等措施的基础上，进行一系列的改革和创新，根本性转变原有的、本质上是以"研究型"为主的人才培养目标。因此，高校大胆地进行改革创新已势在必行，在一定条件下还要进行"革命性""根本性"的变化。

产出导向理论从本质上改变了过去对教育教学活动成败的评判标准，也使教学活动在组织与实施方面发生了根本性变化，对正在探索中的国内本科院校人才培养工作模式改革有现实指导意义。产出导向理论促使应用型人才培养模式发生了根本转变，主要有如下特点：

（1）从根本上改变课程体系

课程体系作为人才培养模式的主要载体，其建设方式直接反映了人才培养模式改革与创新情况。研究型高校课程体系建设以学科逻辑关系为基础，以学科逻辑为前提，根据学生接受知识程度由浅到深、从易到难来编排课程内容。应用型高校需要突破学科逻辑关系的束缚，以学生将来所从事的岗位职业能力需求为导向，识别技能要素，进而反推出学生对这些技能要素的掌握需要有什么样的学科知识的支持，并最终将学科知识进行系统地概括，构成课程体系。研究型高校注重学科逻辑体系，以学科逻辑体系为支撑构建课程体系；应用型高校课程体系强调对形成岗位职业能力的学科知识点进行概括，更强调实践教学课程占课程体系的比重，淡化学科逻辑。

（2）从根本上转变培养体系

研究型高校教学活动实施的主导者是教师，教师对引导学生学会基于学科逻辑所构成的知识体系有绝对权威。教室、实验室和图书馆是教师引导学生进行知识学习的主要资源载体，评价学生学习合格与否的标准，即学生能否将教师教授的知识进行吸收、转化和应用。应用型高校教学活动的开展除传统教室、实验室、图书馆等场所外，还要注重实验实训场所技能训练的培养，依据当前地方高校资金的有限性与实验实训室的建设投入与产出效率情况分析，实验实训场地的规模和类型，远远不能适应学生的实践锻炼需求。在此形势下，应用型高校要创新人才培养体系就必须与行业企业进行合作，加大校企合作力度并打通教学与生产过程，使学生能够接触企业生产线上生产出的最新型成品，并借助企业生产线和实验室进行人才培养。

（3）从根本上改变教学模式

应用型高校教学内容注重基础理论知识的传授，要逐步增加实践教学所占比例，主张任务驱动教学设计，通过实施案例教学、项目教学等多种形式，融理论知识于实际项目或者典型案例之中，不仅有助于对理论知识的理解和掌握，还能培养学生的实践与创新能力。在课程设置方面，要结合企业生产需求进行课程体系优化调整，突出应用性人才培养目标。就教学方法而言，应改变"教师要教，学生要学"这一传统模式，强调将理论教学和实践教学有机结合，特别注重实践教学指导，开展"一对一，手把手"的实践指导。同时，重视网络与新媒体的应用力度，打通线上与线下教学环节，全方位进行教学指导。在评价方式上，由过去以单一成绩为主转变为多种考核内容相结合，形成综合评价指标体系。考核方式也应相应的多样化，针对专业特点，制定考核方式，打破固有的试卷考试思维，建设多元化的考核体系，设置随机考核、无纸化考核等新型的考核方法，强调对学习过程进行评价，使考核要求与方式多元化。

（4）从根本上转变师资队伍建设模式

应用型高校教师在掌握坚实学科知识的同时，还必须有相当强的实践指导能力，教师要不断更新思想观念和学习方法，坚持"终身学习"这一理念，培养自身实践教学技能，增强实际问题的解决能力，以达到符合"双师双能"的师资要求。但是，相对于引导学生应掌握的职业岗位技能而言，知识更新的日新月异还是让教师知识换代变得格外迟缓。因此，地方本科高校要充分挖掘社会资源，聘用企业工程师、专职律师及其他人员参加教学研究、教学活动，依托行业专家的大量实践经验与技能储备，引导学生进行实践创新活动。通过对校企合作模式下应用型高校教师专业素质培养研究现状进行分析，提出基于校企合作的应用型高校教师专业素质培训策略，以期为应用型高等教育教学改革提供参考。应用型高校教学活动的主导者为教师，还可能成为行业企业的专家。

（5）转变服务社会理念

转型发展大环境下，高校为社会服务的使命与路径已经发生根本转变。以校企合作为纽带，构建产、学、研协同创新平台是实现高校服务地方经济发展目标的重要载体。高校需密切关注经济社会发展的需要，将学科专业体系与产业体系进行深度融合，积极主动地争取学校为地方政府服务，并以企业为切入点，扎根产业链进行人才培养与科研教学；强化横向课题策划与扶植，引导教师将科研重心转到解决产业发展中碰到的实际问题上，聚焦地方企业急需的技术攻关研究。通过产、学、研结合形成具有自身特色的学科优势，提升区域创新能力，增强区域竞争力。同时，学校为地方服务还表现为传承和创新当地文化，实现地方高校文化传承与创新的核心纽带作用。逐渐和地方政府、企业之间建立稳定而密切的联系，在学校资源和社会发展之间做到利益共享、合作共赢，做到学校和产业发展高度相依。

第二节　高校创新创业应用型人才培养模式改革

创新创业应用型人才的培养模式，就是要将创新创业教育融入专业教育中，贯穿应用型人才培养始终，强调创新创业精神与能力的应用型人才培养模式。创新创业型人才具有鲜明的时代特色，在我国经济社会发展中发挥着越来越大的作用。实施创新创业教育，进一步改革创新创业教育，推行创新创业应用型人才培养模式，就是人才培养模式发生的根本转变，是应用型人才培养的重要途径与手段。

一、创新创业应用型人才培养模式的形成

如何培养社会和产业发展所需的应用型创新创业人才？如何改革创新人才培养模式，走出一条切实有效的创新创业教育改革之路，并形成长效机制，较好地实现克服创新创业培养不足、全面提高人才培养质量的目的？这是近几年经济社会发展对高等教育，尤其是应用型本科院校提出的一项重要的任务要求。

2016 年 5 月，国务院办公厅发布《关于深化高等学校创新创业教育改革的实施意见》，引导高校从制度建设、机制保障、组织机构、课程设置、师资队伍、实践实训等方面深化人才培养模式改革，把创新创业教育融入贯穿于人才培养全过程，力争 2017 年取得重要进展，2020 年建立健全高校创新创业教育体系。2017 年 2 月 16 日，教育部发布《教育部办公厅关于公布首批深化创新创业教育改革示范高校名单》，要求全国高校认真学习借鉴"示范高校"的好做法、好经验，做好本校深化创新创业教育改革工作。

创新创业教育应以素质教育为基础，以创新教育培养创新能力为关键，以创业教育探索创业实践模式为途径，以此来培养高素质的复合型创新创业人才。[①]创新人才是多样化的，创新人才也包括应用型创新创业人才。创新创业教育是突

---

① 战戈，孙伟．素质教育、创新教育与创业教育之间的关系及三者协调发展［J］．理工高教研究，2008，27（6）：103-105.

出创新创业精神和创新创业能力培养的素质教育。学校应该将深化创新创业教育改革作为推进人才培养综合改革的突破口，把创新创业教育与专业教育相融合，贯穿于人才培养的全过程。为践行创新驱动发展战略下的大学使命，进一步提高创新创业人才培养质量，国内众多学校近几年纷纷完善突出首创精神的人才培养质量标准，并大力深化创新创业教育改革。

经过努力，学生参与创新创业的热情高涨，取得了不少成果。但是我们也看到，学校创新创业教育改革刚起步不久，思想认识和实践工作还有诸多薄弱环节，创新创业教育及其改革还有很大的发展空间，创新创业应用型人才培养模式正在逐步形成。

二、创新创业应用型人才培养模式的目标

坚持立德树人基本导向，把深化创新创业教育改革作为应用型人才培养改革的突破口，面向全体学生，促进学生全面发展。建立健全课堂教学、自主学习、结合实践指导帮扶、文化引领融为一体的创新创业教育体系，努力实现创新创业教育与专业教育的有机融合，创新创业教育与思想政治教育协同育人。在知识传授基础上，注重学生创新精神、创业意识和创新创业能力的培养，努力把学生培养成为高素质创新创业应用型人才，更好地服务经济社会与产业发展。

三、创新创业应用型人才培养模式的措施与实践

（一）树立与创新创业教育改革相适应的教育理念与教改理念

"创新创业教育是中国人的理论创造"[①]，是为了适应经济社会和国家发展的战略需要并基于我国国情提出的一种新概念，目前学界对其概念并没有严格的界定。科学把握创新创业教育与素质教育、学科教育、就业及思想政治教育的内在联系，坚持以促进学生全面发展为目标，以培养学生创新创业意识、精神、创新创业能力为核心，以创新创业项目和活动为载体，以改革人才培养模式和课程体

---

① 石国亮.时代推展出来的大学生创新创业教育［J］.思想教育研究，2010（10）：65-68.

系为重点的创新创业教育新理念。把创新创业教育贯穿于人才培养的全过程，把思想政治教育与创新创业教育相融合，注重顶层设计和整体设计，面向全体学生，注重项目带动，注重通过深化课程体系和教学内容改革并辅之以针对性的思想政治工作，推动创新创业教育的健康发展。

（二）实施符合创新创业教育改革需要的人才培养方案

创新创业教育必须面向全体学生、有明确的培养目标，需要系统的课程学习和实践训练，参加各种社会实践活动。因此，必须立足自身办学定位和服务方向，从教育全过程出发，将创新创业教育纳入人才培养方案，进行整体规划设计。2016 年年初，我们在教改专业制定符合教改需要的单独的培养方案时，就着力推动专业教育与创新创业教育和大学生自主创业密切结合，做到每年均对学生设置一定数量的创新创业学分要求，以确保学生创新创业的知识、能力、素质达到预期要求。

（三）构建创新创业教育课程平台

根据创新创业教育目标要求，校企合作应该共同开发多门课程。课程教学是实现创新创业教育的主要途径，在课程教学中融入有利于创新创业素质能力培养的一切因素。要求教师启发学生将创新创业活动与所学专业知识结合起来，使各专业学生能够深刻理解专业内涵，并在学科专业基础上开展高层次的创新创业实践。同时鼓励学生跨院系、跨学科、跨专业学习。

面向全体学生开设"创业基础""大学生职业发展与就业创业指导"等创新创业教育类必修课，"大学生创业指导"等选修课程及实践类课程，纳入学分管理，建设依次递进、有机衔接、科学合理的创新创业教育专门课程群。重视相关学科之间的互补性和综合性，将创新创业的理念融入教材中，针对不同群体，分层次、分阶段构建"四型"课程，即通识型、实践型、渐进型和专业型，形成涉及面广、操作性强的创新创业教育课程体系。[①] 在实践类课程上，把创新创业实

---

① 石丽，李吉桢．高校创新创业教育：内涵、困境与路径优化［J］．黑龙江高教研究，2021，39（2）：100-104.

践活动与专业实践教学有效衔接，培养学生创新创业实际运用能力，同时组织编写和出版《大学生职业发展与创业导航》教材。通过创新创业类课程学习，使学生初步了解创新创业的基本知识、途径和一般规律，培养学生创新创业的意识和能力。高校应充分运用线上和线下资源，引进和建设一批资源共享的创新创业教育精品视频公开课、慕课和微课等在线开放课程，建立在线开放课程学习认证和学分认定制度。组织改革试点班学生到相关企业参观学习，参加产品和文化展览会、创新创业成果博览会，举办形式多样、内容丰富的讲座、报告、参观以及交流会等各种有针对性的学习实践活动，开阔学生视野，激发提升创新创业的动力和能力。

（四）将创新创业教育纳入学院教学管理体系

建立学院党政共同负责，学工、教务、专业、教研室等齐抓共管的创新创业教育教学工作机制。成立以学院院长和党委书记为组长的创新创业教育领导小组，加强对全院创新创业教育工作的组织领导；还可以建立以教改团队负责人为组长的创新创业教育改革工作小组，负责教改的具体组织实施；也可以建立创新创业教育改革专家指导委员会，定期或不定期召开指导委员会会议。指导委员会由学院党政领导、校部主管部门负责人、资深教师、政府官员、知名企业家、合作企业高管和优秀校友等构成，其主要职责是：为学院创新创业教育提供咨询、指导；参与审定创新创业教育课程设置；参与建设校外创新创业教育实践基地；参与评估创新创业项目；协助建立高校与政府、企业等社会各界的联系。

制定鼓励学生创新创业教学管理办法，实施"创新学分制度"，对学生创新意识和创新能力体现出来的成果给予认可和鼓励。在此基础上，进一步设置合理的创新创业学分，建立创新创业学分积累与转换制度，探索将学生听创新创业讲座、开展创新实验、发表论文、获得专利、参加创业实践活动和自主创业等成效折算为学分，将学生参与课题研究、项目实验等活动认定为课堂学习。为有意愿、有潜质的学生单独制订创新创业能力培养计划，建立创新创业档案和成绩单，客观记录并量化评价学生开展创新创业活动情况。

支持学生休学创新创业活动，按上级政策和学校规定，实施弹性学制，放宽学生修业年限，允许调整学业进程、保留学籍休学进行创新创业活动。在校生休学创业的修业年限在原有学制基础上可延长2～5年，学生可根据创业需要与校、院协商确定休学年限，办理相关休学手续。实行本科生导师制，加强对学生专业思想、实践教育环节和科学研究的指导与训练。此外，还可以实行党建科研导师制、科研小助手制、学业预警制度与结对帮扶制度等。

此外，把创新创业教育工作的开展情况及其绩效纳入就业工作质量考核评估指标体系，写进毕业生就业质量年度报告，并向社会公布，接受社会监督。

（五）努力建设高素质创新创业教育教师队伍

高质量、高水平的师资队伍是提升创业创新教育质量的关键。[1]依托学校成立的校企合作中心，聘请一些企业家、投资专家为学生做创业指导；聘请学院专业教改指导委员会成员以及其他具有丰富创新创业实践经验的校友、企业家、产业界知名人士、风险投资人和创新创业专家担任创新创业兼职教师，充实教育教学队伍，并进行动态考核评估管理；选任具有相关理论知识或拥有一定创新创业经验的干部教师承担创新创业教学任务。

同时，实施教师创新创业教育能力提升计划，选送相关干部、教师外出参加创新创业有关业务培训或者参加课程学习；建立管理人员和教师到行业企业挂职锻炼制度，不断提升管理人员和教师创新创业教育的意识和能力；将创新创业教育相关工作与业绩纳入管理人员和教师职务评聘、绩效考核的内容范围，作为管理人员和教师职务评聘、岗位聘用和绩效考核发放的重要依据。

（六）构建学院创新创业教育实践平台

1. 打造创新创业实践平台

依托校内外创新创业基地、校内实验中心、专业实验室、工程中心等，创建创新创业教育实践基地，充分发挥基地的职能作用，为学生创新创业提供支持平台，创造良好的学习成长环境；发挥校企合作平台作用，把学院教师科研成果与

---

① 石丽，李吉桢. 高校创新创业教育：内涵、困境与路径优化［J］. 黑龙江高教研究，2021，39（2）：100-104.

| 88

相关企业对接、合作，转化为可供实施的创业项目；鼓励和支持学生争当教师的科研小助手，积极参加科研立项，扩大学生专业视野，增强专业水平，尽早得到科研和创新创业训练；鼓励引导有关方面对具有可行性的学生创业项目进行立项资助；构建更多的创新创业实践平台，如创业科技园、创业实践基地等，同时还要为学生提供更便捷的创新创业咨询服务、培训服务等援助，提升大学生的创新创业技能。①

加强学生创新创业指导服务，通过开设座谈、讲座、培训班等多种形式，给予学生帮助和指导；对自主创业学生实行持续帮扶、全程指导，对校内外创业孵化基地的学生创业团队，通过周密协调，给予免除场地租金、水电、网络宽带和物业等费用，并配备创业指导教师；优质项目或创业周期较长的项目孵化期满前，可向办公室申请延长孵化期，审批通过后孵化期可延期一年；为入驻项目提供统一的物业管理服务、形象策划、财务管理服务和代办各类入驻项目需办理的工商、税务登记和变更、年检及入驻项目代码、银行开户手续等，多渠道提供创业信息、政策、知识等的推送和咨询指导服务。通过服务指导和实质性的扶持，充分引导、激发学生的创新创业热情，培养学生的创新精神、创业意识和创新创业能力。

2. 建立完善的学生参与科研创新训练的机制

推进教学与科研相结合，注重大学生的科研能力培养，尝试把学生科研训练纳入专业培养计划，设立相应学分，提供实验室开放环境，指导学生参与创新科研训练；深入实施科研小助手制、党建科研导师制，吸引大学生参与教师的科研工作；实施大学生实践创新训练计划，资助一批大学生创新训练项目；通过科研训练，增强学生的专业素质，培养学生的创新精神，同时可以通过将科研成果进行转化，达到创业实践的目的。

3. 充分发挥校院第二课堂教育以及思想政治教育的作用

充分发挥第二课堂的作用，把由上级和学校教务处、学生处、团委等部门以及学院组织的各类竞赛活动、社会实践活动、科技文化艺术节活动、学生社团活

① 石丽，李吉桢. 高校创新创业教育：内涵、困境与路径优化［J］. 黑龙江高教研究，2021，39（2）：100-104.

动等作为创新创业教育的重要组成部分。通过组织学生参与科技文化艺术节活动，参加"互联网+"大学生创业竞赛、创业计划大赛、学科专业竞赛，办好人文学堂以及开展"创新创业实践月"等多样化的第二课堂进行创新创业教育实践；同时把思想政治教育融入创新创业教育，构建思想政治教育与创新创业教育协同育人的模式；为大学生创新创业搭建展示成果、交流合作、融资对接、宣传奖励等平台，实现不同专业、不同年级学生之间的自由交流。

（七）建立创新创业教育经费保障机制和激励机制

通过学校投入、社会捐助、个人支持等渠道，建立创新创业教育经费保障体系；学校下拨专项资金，支持创新创业教育改革项目开展，学院每年也可以从教学经费中安排一定的资金，支持创新创业教育教学及实践活动。除此之外，还可以奖励并资助学生创新创业实践、竞赛、科普活动和扶持重点项目，资助相关师资培训与外出交流学习，鼓励引导合作企业和个人设立创业风险基金等，扶持大学生创新创业；鼓励教师投身创新创业教育，对指导学生取得创新创业优异成绩的教师进行奖励。从社会层面，政府除了提供政策上的支持，还要加大创新创业的保障力度，实现学校与企业的合作对接。此外，还要引导主流媒体对创新创业教育进行正面宣传，发挥创新创业典型和榜样的示范引领作用，营造一种鼓励创新创业的良好舆论氛围。①

四、创新创业应用型人才培养模式的成效

创新创业应用型人才培养模式的成果主要体现为"十个一"，即制定了一个教改专业培养方案——应用型人才培养方案；建立了一支相对稳定的教改管理、咨询指导与师资队伍；形成了一套教改管理与工作制度；建立了多元融合的创新创业课程体系；建设了一批创新创业专业实践基地；促进了学生高质量的就业和自主创业，培养了一批创新创业学生典型；建立了一批学院创新创业基金；出版了一批创新创业教改专著；申报、撰写了一批课题、文章；产生了一批学生创新

---

① 石丽，李吉桢.高校创新创业教育：内涵、困境与路径优化［J］.黑龙江高教研究，2021，39（2）：100-104.

创业竞赛奖项。举例说明：截至 2020 年 11 月，以"创新创业教育"为题在中国知网上搜索出相关文献已有 1 万余条结果，仅 2017 年以来 CSSCI 期刊收录相关主题学术论文就有 500 余篇。[①]

改革创新的实践与研究表明，深化实施创新创业教育以及创新创业应用型人才培养模式改革，学生的创新精神、创业意识和应用能力、创新创业能力可以得到明显增强。

---

① 石丽，李吉桢．高校创新创业教育：内涵、困境与路径优化［J］．黑龙江高教研究，2021，39（2）：100−104．

第三节 高校校企合作和产教融合
应用型人才培养模式改革

校企合作、产教融合人才培养模式，是为了促进应用型人才培养而实施的专业设置、课程内容、教学方式与生产实践对接的一种应用型人才培养模式。这是一种高校与科研院所、行业、企业联合培养应用型人才的新机制。

一、校企合作和产教融合应用型人才培养模式改革的实质和内容

校企合作和产教融合应用型人才培养模式的实质是以高素质应用型人才培养为根本目的，以校企合作、资源共享为基本形式，以产教融合为主要特征，以让受教育者在实践行动中尤其是真实的工作环境中学习和锻炼成长为主要表现的全方位、全过程的产教、校企深度合作培养人才的教育模式。这种新模式、新机制也是对改革开放以来我国一些高校创立形成的产、学、研合作教育的人才培养模式在借鉴、吸纳的基础上，根据高校的办学定位和应用型人才培养的需要，进行构建和完善的。[①]

校企合作和产教融合应用型人才培养模式通过产教、校企搭建"产业＋教育、高校＋企业、专业＋行业、学习＋工作"的人才培养平台，营造真实和适合的人才培养环境，建立双向互动的人才培养机制，实施高素质应用型创新人才培养战略。人才培养环境贵在"真实"。在企业真实的生产环境中，学生在校期间就可直接感受到就业氛围，真实的岗位实习和实训可以有效强化学生的专业技术以及操作技能训练，培养学生动手实践能力和创新创造能力。

二、校企合作和产教融合应用型人才培养模式改革的重要意义

（一）有利于促进高等教育改革发展

当前中国经济正在努力实现产业转型升级，建立创新驱动的现代产业体系，

---

① 中国高等教育学会组.改革开放30年中国高等教育发展经验专题研究：1978—2008［M］.
北京：教育科学出版社，2008.

需要高等教育改革创新人才培养模式，提供具有各类专业知识和操作技能的高素质应用型创新人才。

相应的，有关产教融合、校企合作的规划和部署就应运而生了。高等教育要重视培养大学生的创新能力、实践能力、创新精神，要加强产学研结合，大力推进高等学校和产业界以及科研院所的合作，鼓励有条件的高等学校建立科技企业，企业在高等学校建立研究机构，高等学校在企业建立实习基地。2010 年颁布的《国家中长期教育改革和发展规划纲要（2010—2020 年）》提出要积极推进人才培养模式改革，"创立高校与科研院所、行业、企业联合培养人才的新机制"。《中华人民共和国国民经济和社会发展第十三个五年规划纲要》指出："要推动具备条件的普通本科高校向应用型转变。要推行产教融合、校企合作的应用型人才和技术技能人才培养模式，促进职业学校教师和企业技术人才双向交流。推动专业设置、课程内容、教学方式与生产实践对接"。2016 年 3 月 30 日至 31 日，教育部在贵阳召开 2016 年度职业教育与继续教育工作会议。会上将当年要重点抓好的、有全局影响的工作之一看作职业教育要健全产教融合、校企合作机制。以上这些，为实施产教融合、校企合作、工学结合人才培养模式改革指明了方向。这里值得我们注意的是，在实施校企合作和产教融合改革的同时，为深化人才培养模式改革，而把创新创业教育融入贯穿于人才培养全过程正在成为高校教育教学改革的新方向。

（二）有利于吸取国外先进经验并实现自身发展

在探索教育现代化的过程中，适当吸收和借鉴西方发达国家的教育理念、教育经验是必要的，有利于缩短在盲目状态下独自探索的曲折路程。

美国在 1906 年就开创了学生学习和工作多次交替的"学工交替"产学合作教育模式。另外，以美国和加拿大为主要代表国家的能力本位教育（Competency Based Education，简称 CBE），是一种目前国际上较流行的应用型创新人才培养模式，该模式以能力为人才培养的目标和评价标准，一切教学活动均围绕综合职业能力的培养展开，CBE 模式与其他模式的显著区别就是学校的教学目标和教学计划不是由教育专家制订，而是由企业管理者和专业技术人员所组成的职业目标分析委员会根据企业实际需要，运用教学计划开发（Developing a Curriculum，D简称 ACUM）对职业所需能力进行分析进而制订的。可见，产教融合、校企合作贯穿于其教育教学的全过程。

德国政府重视校企合作，企业与学校的行为均基于政府的协调与立法的约束。例如，成立于 20 世纪 60 年代末 70 年代初的德国应用科学大学。《德国高等教育法》规定其为高等教育的一种类型并居重要地位。德国应用科学大学在培养德国应用型创新人才方面发挥了重要作用。

德国应用科学大学和企业之间有着密切合作且合作形式多样。校企之间建立了稳定而良好的关系。企业为学生提供实习岗位、毕业设计岗位等，参加高校项目教学活动，资助本校科研项目，或者以合作者身份与大学联合开展课题研究。在教学过程中，校企双方都将自己的科研成果及时反馈给学校并为其改进工作提供线索和建议。另外，企业也参与到学校师资建设中来，大学里的教师可进企业实地考察，企业内部分专业人员还将以特聘讲师身份来校任教。这种校企联合办学模式不仅能使学生获得更多的学习机会，而且有利于提升人才素质。这种办学模式是学生在实习和实践项目中完成毕业论文和其他途径与企业接轨，教师以合作科研的方式，提出建议、参与产品解决方案和其他途径为企业提供服务，学校又通过建立合作基地，增强了该校科研实力与服务能力。

德国高等职业技术学院实行的是"双元制"培养人才的模式，学生接受教育的全过程在企业与高职院校之间交替进行学习，企业介入人才培养计划制订，成为施教的主体，接收毕业生就业，毕业生既受到了严谨的文化理论教育，严格的训练实践操作，毕业后还要参加全国统一职业资格考试以及其他多重训练，这让多数毕业生具备良好职业道德，联想思维和团队精神，责任心强，职业本领高超。因此，德国职业教育成了德国经济起飞并不断繁荣发展的"秘密武器"。

芬兰早在 20 世纪 90 年代初期就建立了多科技术学院，多科技术学院的宗旨是向企业提供高级技术人员及管理人员，十分注重学生能力培养，所以注意和企业接触，校企之间合作范围广泛。多科技术学院注重与产业结合，在学校教育中融入了社会实践活动。芬兰对多科技术学院提出了要求，要求它们加强与职业生活之间的关系，提升自身产业发展能力，尤其应考虑到中小企业和地区的发展需求，多科技术学院也应推动在研究发展工作和职业生活之间建立合作。

澳大利亚联邦政府采取了制定有关法律政策，设立专门管理机构，增加资金投入等对策，为校企合作创造良好条件。同时鼓励学校与企业之间加强联系，在培养学生职业技能的基础上，帮助学生获得更好的就业前景。丹麦政府对商业实行激励机制，为每一家接受学徒学习的公司发放一万欧元奖金，为更多的年轻人提供了在商业中获得有关技能培训的机会，现在丹麦学徒人数增加20%。瑞典规定用人单位还应负责职业教育，规定用人单位应当能对教学内容施加影响。例如，在开课之前，要清楚用工需求，参加设计课程；学校与企业共同制订教学计划，以提高教学质量，保证培养出合格人才。授课期间应承担学员到企业实习学习相关费用，参与课程的修改，并且发挥影响力。例如，参加课程管理小组。

（三）符合自身发展需要且有利于适应社会发展

除了上述两个方面，校企合作和产教融合应用型人才培养模式改革也是适应经济社会发展以及教育自身发展需要的现实需求。具体体现在：产教融合、校企合作是高等教育适应经济社会发展的需要，是高等教育优化结构办出特色的需要，是高校科学发展的需要，是培养应用型创新人才的需要，是产教、校企双赢的重要举措。

1. 校企合作和产教融合与当前加快转变经济发展方式的要求相适应

《国民经济和社会发展第十二个五年规划纲要》强调，要"坚持把经济结构战略性调整作为加快转变经济发展方式的主攻方向"，"坚持把科技进步和创新作为加快转变经济发展方式的重要支撑。"党的十九大强调我国经济已由高速增长阶段转向高质量发展阶段，正处在转变发展方式、优化经济结构、转换增长动力的攻关期，建设现代化经济体系是跨越关口的迫切要求和我国发展的战略目标。高校要牢牢把握这些基本精神，适应加快转变经济发展方式，探索人才培养的新机制，强化实践教学，着力培养产业发展所需的高素质专门人才和拔尖创新人才，最大限度地为国家和地方构建现代产业体系提供人才资源和智力支持。而实行产教融合、校企合作，与企业联合培养地方经济社会发展所需要的一线高素质应用型创新人才，既是由高校的任务所决定的，也是学校专业结构与地方产业发展的要求以及企业的实际需要相适应，所培养的专业人才能够"适销对路"，避免人才的培养与社会需求脱节。

2. 校企合作和产教融合是改变学生应用和创新能力培养不足的重要途径

高等学校作为应用创新人才培养的基地与摇篮承担着重大历史使命。但是现今的大学教育存在着对学生创新能力发展不到位的现象。为此，我们要不断更新理念，以大学生创新能力培养为中心进行教育改革，不断创新教育方式，强调对大学生科学精神的培养、创造性思维与创新能力的培养，强化实践培养，注重学习能力、实践能力、创新能力的提升、综合素质的提升，加速转变学生创新能力发展不足的局面。

创新教育方式、强化实践培养、提高学生创新能力是人才发展规律的内在要求，实践对人才特别是创新人才的发展具有举足轻重的作用，学生知识掌握与创新能力培养最终要靠实践活动来验证。所以，实践活动尤其创新实践活动是发展学生创造性思维、创造技能和达到创造目标所必需的手段与桥梁，也是发展创造能力不可缺少的一环。学生在学校创新实践活动形式多样，有探究式教学、实训实习、实验课、课外发明创造活动、兴趣小组、社会实践活动等，学校要将这些活动贯穿于整个教育教学过程中。

产教融合、校企合作充分利用了企业育人资源与环境，既能让学生所学知识结合劳动，以劳动达到学习的目的，由此实现"学会工作"，还可以促进和带动学校转变传统的以校为主、课堂为辅的人才培养模式，加快课程体系改革，提高学科专业建设水平与人才培养质量。

3. 产教融合、校企合作有利于实现校企双赢

产教融合、校企合作是学校与企业各自发展的需要，通过校企合作可以更好地达到资源共享、优势互补、互助共赢、互相促进的目的。深入推进校企协同育人工作，通过教师与技师联合进行实习指导、学生与企业一线工人合用实习场地的办法，使校企双方在人力资源和资金、场地与其他各关键要素共享全面提高实践教学质量达到共赢。一方面，产教融合、校企合作有助于促进人才培养设施条件的改善和提高，将有助于高校既能动脑又能动手地培养高素质应用型创新人才；

另一方面，又能使企业加速实现将发展转向依靠科技进步、提高劳动者素质的轨道上，帮助企业获得高素质人力资源与技术服务，提高企业的技术素质、研发能力以及创新能力，促使企业改善自身的经营管理层次以及促进自身的可持续发展。

三、校企合作和产教融合应用型人才培养模式的实施策略

（一）树立需求导向的教学理念

需求导向的教学理念，对高校开展校企合作、产教融合培养应用型人才发挥助推作用。因此，高校应该对人才培养目标进行科学定位，合理规划校企合作、产教融合的人才培养思路，改变教师的育人观念和教学观念。

1. 科学定位人才培养目标

目前，高校对人才培养目标进行科学定位，需要将地方经济社会发展实力、地方经济社会发展需求等作为指标或依据。深化产教融合的目标之一就是推进校企协同育人，培养高素质应用型人才。[①] 在当前就业形势十分严峻的情况下，高校只有从地方经济发展和切身需求出发，才能培养出目标人才，才能使高校学生"每个人都可以找到工作"。从总体上看，高校仍应以"服务社会"和"培养应用型人才"为主要目标。在人才培养目标中，必须时刻兼顾高校自身属性，保证所培养人才为企业所需，与国家经济发展规律相吻合，不会被社会淘汰。

另外，在中国特色社会主义市场经济日益开放的今天，学生思想主体意识也在不断提高。高校对人才培养目标进行科学定位，必须关注人的全面发展，并考虑学生个人个性化发展。所以，高校应该在教育过程中对学生的良好社会适应能力进行培养，使学生在参与校企合作和产教融合实践过程中，亲身体验或感受工作职业环境气氛，并找到自身所欠缺的能力，据此适时培养个人良好的职业能力和职业精神。

与此同时，各高校在校企合作、产教融合发展进程中，也要积极为学生搭建良好的创业平台。高校应积极为学生提供一个良好的创新学习平台与条件，在实

---

① 王秋玉. 产教融合背景下应用型人才培养实践教学模式改革研究［J］. 开封教育学院学报，2018，38（8）：144-145.

际工作中适时对师资力量进行引导，在精神上要给学生以激励与鼓舞，从而使高校人才培养目标的定位更加科学合理。

2. 牢固树立校企合作和产教融合人才培养理念

各高校在实施校企合作、产教融合发展过程中要不断提升自身对于校企合作以及产教融合发展的认识水平，积极融入当地经济市场，主动与当地主要企业合作办学项目，实行开放式办学方式，把校企合作、产教融合人才培养模式提升为高校特色和优势。产教融合是基于产业发展与人才教育供给"双向互动"的一种理想状态，[①]因此，应该使学校教学管理依托当地企业市场经济发展潮流，开辟更多"实训基地"和"岗位培训机会"，使高校学生在未走出校门和步入社会之前就已适应当地经济发展规律，在工作岗位上拥有适应能力与竞争能力，使高校真正走"在市场的向导下"校企合作与产教融合的战略发展之路。

3. 转变教师育人观念与教学观念

在高等院校教育过程中，改变教师良好的育人观念与教学观念，是为了给高等院校开展校企合作与产教融合教育模式打造一种高效、科学的方式。这是由于校企合作与产教融合的选择、更新与传递都是需要教师把它做好，在这个过程当中，教师就会运用校企合作及产教融合的方式开展育人与教学工作，这会对高校产教融合应用型人才培养质量产生直接影响。转变良好的高校教学观念、育人理念等，是促进产教融合教学质量提升的重要影响因素。

高校教师在教学中，应在以下两个方面对学生进行培养：

第一，高校教师应该主动走进企业、行业等用人单位和组织，对用人单位和组织提供的就业岗位情况进行调研，并总结其用人需求或特点，据此来安排课堂教授内容、调整教学方案。另外，高校教师还应从提高高校学生主动就业、主动创业的角度出发，将提高学生应用知识、实际操作能力作为其中的培养目标，有针对性地确定学科及课堂教学方向，为企业和行业单位培养"定向"毕业生。

第二，高校教师在理论教学过程中，需要自觉地对教学内容与知识进行有效融合。虽然国家针对高校理论知识内容教学提出"必用"与"够用"等要求，但

① 王淑涨.产教融合视域下高职院校创业教育的供给侧结构性改革［J］.教育理论与实践，2018，38（21）：33-35.

是高校教师仍应适当增添或扩充学科理论教学内容。在实际教学过程中，高校教师可以根据需要调整教学理念，如结合当地企业岗位就业需要，对相关科目中的重要知识进行整合，简化为符合学生就业趋势的理论教学内容，这样才能使学生在今后的就业过程中具备素质技能与理论知识技能，以适应多种相关工作岗位的需要，避免出现就业门路简单的现象。

（二）完善与改进培养模式

2015年3月，教育部《关于引导部分地方普通本科高校向应用型转变的指导意见》提出，建立产教融合、协同育人人才培养模式。对于应用型人才培养，要以学生为中心，以能力培养为本位，采用突出实践性的教学模式，并在专业布局上要以市场需求为导向，在课程体系设置上要以就业为导向。

1. 以市场需要为导向进行专业布局

总体来说，高校在对专业进行规划时需要综合考虑学校本身发展要求、学校就业要求和企业人才需求等多方面因素，所以高校在完善教学模式过程中要从专业布局和设置的合理规划这些方面着手。

一是专业布局应与当地经济产业结构相协调。高校的人才培养目标，决定了高校在人才培养战略中需考虑高校专业设置和企业岗位是否对口。所以，学校在开设专业时，可以以市场为导向，根据社会需求灵活开设专业，使高校专业布局和产业结构形成合理衔接，避免高校专业结构和产业结构发展失衡、比例失调。

二是专业布局应以市场需求为导向，挖掘学校专业特色并积极开设特色专业。这样才能培养出有特色的人才，才能培养出更多企业所需的毕业生。与此同时，各院校在抓住市场、开设特色专业时也要始终抓住并规范本校本身的特点和特色，避免随波逐流，避免盲目自大，应开设既能适应学校校情又能适应市场行情需要的学科。

三是努力使建设的职业培养平衡的人才供需结构。为了避免企业在人才需求方面"供不应求"和"供过于求"，这就要求各院校在规划课程专业时对相对"饱和"专业应控制招生数量，对那些地方企业和产业持续培养专业性人才，学校则要根据供求关系开设更多的相关专业并在相关专业中扩大招生规模，保证学校在专业设置和产业结构发展中始终处于"协调"状态，确保高校毕业生就业率和就业质量。

2. 构建以就业为导向课程体系

高校人才培养的最终目的是毕业生成功就业，为企业的发展作出应有的贡献。同时，高校中课程的设置对应用型人才培养质量的高低也起着决定性的作用。因此，高校在课程体系的设置上，要以培养应用型人才为根本目标，以学生就业为基本向导，从以下三个方面构建好课程体系：

一是确立良好的应用型人才培养课程观念。这是由于高校办校是为社会主义市场经济服务的，这一办学宗旨决定了大学在培养人才方面，须确立良好的应用型人才培养课程观念，有效地深入地方企业、产业，摸清行情，深入市场，获知地方企业、产业所需的技能、品质、知识等，再根据市场的实际需求进行该课程的讲授，培养市场需要的应用型人才。

二是课程体系建设过程中实现以学生个体身心发展状况为导向，将学生能力作为参考基础。尽管教育部门早就规定了高校在理论课程与实践课程的实践上至少要1∶1的模式，但在产教融合中，学校或应顾及学生个人的才能来取舍这一比例。

三是建设课程体系过程中整体要优化。学校设计课程时，应厘清选修课与必修课的关系，把握课程设计目标，发挥整体育人作用。与此同时，各院校在校企合作、产教融合等教学模式下，还应该从传统教学模式中积极寻求突破，保证实现学校与企业的良好衔接、教师与实践师傅对接、教室与企业对接、学生与徒弟的衔接等。

（三）加强师资队伍建设

校企合作和产教融合应用型人才的培养要求教师兼具扎实宽厚的理论知识和较强的实践应用能力。所以学校要根据产教融合发展的动向，强化"双师型"教师队伍的建设，积极引进兼职教师，最终建立充满活力的教师队伍管理体制。

1. 强化"双师型"教师队伍建设

教育的三个基本要素——教育者、受教育者和教育中介系统，由此可见教师的重要地位。① 高校的教育属性决定了其师资队伍能力方面的特殊性。高校教师除了要具备一定的教学技能，还需要具备一定的生产实践技能。高校教师如果同时拥有这两项技能，对校企合作和产教融合教学模式的开展无疑是非常有帮助的。因此，高校应该从师资队伍的建设入手，强化高校中"双师型"教师队伍的建设。在强化"双师型"教师队伍建设的过程中应该注意以下两个方面：

一是加强高校教师培训，以全面提高学校"双师型"教师素质。

二是建立和完善高校教师队伍建设的制度体系。高校在师资队伍建设方面可制定系列政策，从而加强"双师型"教师队伍整体素质能力建设。

在"双师型"教师需求中，不仅要求教师应该具备"双职称"或"双证书"，还应要求教师具有切实而精深的理论知识水平，具有娴熟而可信的实践生产操作经验。在对"双师型"教师的培养模式上，应该根据当前社会发展形势以及自身岗位特点制订出符合时代需求的人才培养方案，并且能够与现代教学理念相适应。鉴于这一需求，高校也应积极为教师队伍提高素质能力搭建培训平台。比如，从企业里雇佣企业家、专家到校给教师讲课，或者把教师安排到企业，深入企业内部，参加生产实习，有效提升高校教师队伍整体素质能力水平，从而全面提高"双师型"师资队伍的素质。

2. 积极引进兼职教师

提高教师队伍质量，才能为应用型人才培养提供更大的支撑保障。只有拥有了高素质的教师队伍，才能更好地满足社会发展对于人才培养提出的新要求。同时还要将学校与企业联合起来，建立起一种新型的校企一体化人才培养模式。这既能使学生学到生产一线所需的技能知识，也能使教师及时掌握企业人才需求情况，适时调整教学内容。这样一来，不但能使教师的专业技能得到全面提升，也有利于学校教学质量水平的整体提升。不仅如此，兼职教师由于其已掌握企业先进技术，就不需要再对其进行培训，从而节省了培训成本。② 同时，高校在与企业展开校企合作的过程中可以为教师们提供各种培训渠道，实现"教师与师傅"

---

① 王道俊，郭文安. 教育学 [M]. 北京：人民教育出版社，2016.

② 郑丽君. 民办高校应用型人才培养与兼职教师制度建设 [J]. 北京城市学院学报，2008（4）：34-37.

相互对接的模式，增强高校中教师队伍的实践生产能力。

3. 建立充满活力的教师队伍管理体制

目前，我国校企合作、产教融合的应用型人才培养工作正在各大院校如火如荼地进行，我国大学也需要集体强化师资管理队伍，集体强化师资队伍的战略，可以使高校师资队伍在素质能力上有一个较大提升。教师是高等院校中最重要的资源之一，所以对于高校教师队伍的建设工作也要引起高度重视，这样才能够保证高等院校教学质量以及培养出高质量人才。高校加强教师队伍的管理工作，应以相应激励制度和制约制度为主。教师是学校教育教学活动实施过程当中最为重要的力量之一，因此要想使高校教师队伍建设工作得以有效落实，就要充分重视其对高校教师激励机制的建立。从激励制度上看，高校可采用物质激励与精神激励相结合的方法来进行教师队伍教学技能的培养、生产技术和其他熟练程度加以评估。在教师的工作积极性上，则可以采取奖励机制、约束机制以及竞争机制三种方法。为了确保高校内师资队伍能始终以积极的态度投入校企合作、产教融合教，在约束制度方面，高校需要制订出合理的奖惩机制以及相关政策，以此促进高校教师之间形成良性竞争关系。从制约制度上看，高校可采用职称评定来约束教师队伍。职称评定是高校对其教师队伍建设的重要内容，也是促进企业与学校之间相互交流的主要手段之一，因此高校必须高度重视职称评定。在职称评定过程中，应将教师校企合作、产教融合的实践教学活动、以教学质量等为评价指标，注重高校教师队伍中的实践环节、在应用能力上进行评价。在评价体系上，高校应该从多方面来保障企业对于教师的实际需求与要求，并以此为基础建立起合理的评价指标体系。同时高校也要强化教师队伍管理，健全良好的工作考核制度，鼓励教师在校企合作、产教融合教学过程中，把教学能力与教学实践活动结合起来，使教师在平时的教学中有所得，使其工作有规律可循，从而促进高校校企合作、产教融合教学质量的提升。

（四）建立持续改进的评估体系

"不以规矩，不能成方圆。"[①] 评估体系也是高校校企合作和产教融合培养应

---

① 孟子 . 孟子［M］. 哈尔滨：北方文艺出版社，2019.

用型人才不可或缺的一部分。近些年我国高等教育评估体系持续发展并取得很大的成效，在高校校企合作和产教融合培养应用型人才上应建立持续改进的评估体系。

1. 形成性评估和终结性评估相结合

形成性评价（平时成绩）包括出勤、作业、测验、课堂表现，以实验测评实训考核的方式进行；终结性评估（期末考核成绩）实行教考分离闭卷笔试。形成性评估应该全面化，多元化，评估内容与方式要发挥想象力与创造力，我们应该把目光转向学生的成长过程，关注学生的发展。形成性评估与终结性评估一样，也需要教师参与其中，但其侧重点有所不同。不只是教师评价学生，也可采用学生自我评估、合作评估等方法。形成性评估是以培养创新精神和实践能力为核心的一种新型教育模式。一般情况下，可以采取以下评估方式：学生自评、学生互评、教师评估、合作评估、师生合作建立学生的学习档案等，评估结果分别对应一个份额。此外，还有一些特殊类型的学生需要进行专门的评估，比如学困生、后进生、特长生等。通过评估方式多元化，能够帮助学生更加全面地了解自己、增强学习动力、确立学习的目标和自信，以及多元化智能自主开发。同时，多元化评估方式也是一种促进教育公平、提升教学质量的手段。评估方式的变革，将直接带来教学形式上的变化。因此，在高职院校的课程改革过程中应重视多元评估的作用，将其融入整个教育教学改革之中，构建起具有特色的课程体系。在以形成性评估为中心的制度中，教师将积极主动地开发出丰富多彩的教学内容，运用鲜活高效的教学形式：生产情境模拟、演示文稿（PPT）的演示和报告、热点话题探讨、模型比赛、实训考核等来营造以生为本的氛围、富有生趣的任务驱动型课堂，使学生全面投入日常的课堂教学，在积极态度下完成工作任务。因此，要提高高职院校实训教学质量，必须从转变传统的"教"和"学"两个方面入手，通过多种方法培养学生自主学习、合作探究以及创新意识和动手操作能力，从而真正使实训课堂成为推动实践能力提高的课堂，为实训交流提供重要便利。

2. 过程取向评估与主体取向评估相结合

长期以来，教育评估学界一直在努力打破那种将评估简单地视为总结的狭隘认识，突出形成性评估在评估中的地位与作用。在课程改革中，也越来越重视评估。通过考核可明确教程中有待完善之处，教育评估就是为了获取教育活动决策资料而进行评估，其目的在于了解教育系统中存在着哪些问题，以便有针对性地加以解决。过程取向评估将教育过程中的所有状况都包括在教育评估的范畴之内，强调了评估过程自身存在的价值。教学过程的评估则更注重于教学活动中各要素之间相互联系和相互作用关系，以及学生学习行为变化的动态发展。所以教学过程中的考核主要是教研室方面，教学过程是由专业培养计划实施、组织和管理课堂教学、对考试和考核形式进行改革、教学大纲的制定和实施、能力培养和专业建设、实训教学环节构成。

从教学过程来看，严格按照高等教育质量人才培养目标，加强实践教学，通过改进教学过程质量，确保人才培养目标得以实现。在现代大学制度下，高校内部要建立一套科学有效的教学质量保障体系，其中包括教学过程质量观、教学管理观等内容。主体取向评估重视的是评估并不依赖于外部力量对其进行调控与驱动，但每一个主体都是通过"反省"自身的行为而得到积极发展的，主体发展受其支配，主体为"自主"和"责任"相统一。高校教学过程具有开放性特征，它需要有一套科学完善的教学评价指标体系。从教学过程来看，教师扮演着产品生产者的角色，是教学过程与教学计划的最终实施者，教师的教学能力决定了学校教学质量和发展水平，高校教师教学工作评估体系应该是对教师素质水平，工作质量进行评估，以工作成果为主要评价对象。

过程取向评估其优点是关注过程的变化，寻找变化的原因。过程取向的教育评估的评估指标覆盖教学过程的方方面面，教研室是组织教学活动、落实各项教学管理制度和规范、保障教学质量的基本单位。主体取向的教育评价在本质上受"解放理性"支配，它倡导对评价情景的理解而不是控制，它以人的自由与解放为评价的根本目的。主体取向的教育评估主要应用于教学主体即教师的评估。

（五）健全政府保障体系

健全的政府保障体系可以确保高校教学质量的稳定增长，以保障校企合作和产教融合的顺利实施与运行。我们可以从建立良好的制度保障体系、建设相关的监督管理制度与加大教育经费的保障与投入三个方面入手：

1.建立良好的制度保障体系

政府层面若能建立完善的制度保障体系，这对于推动地方企业与学校开展校企合作，产教融合的教学模式无疑大有裨益。建立制度保障，既能维护企业和高校的合法权益，也可以提升企业参与校企合作，产教融合发展的积极性，使校企合作、产教融合在高校的推行，不再成为学校"一厢情愿之事"。当政府构建校企合作与产教融合的制度保障体系时，应在以下两方面进行：

第一，政府以及相关部门应该在借鉴国外先进校企合作和产教融合模式的基础之上，从高校的校情和地方经济发展的实况入手，研究出高校实施校企合作和产教融合政策的具体相关细则，让高校的校企合作和产教融合培养应用型人才发展战略能够向更深的层次发展。

第二，地方政府在已经应用了的校企合作和产教融合的制度体系方面，要积极引导好校企合作和产教融合相关方面的合作关系。做好利益分配、知识产权共享、信贷优惠、职称评定优先等方面的工作。以保证校企合作和产教融合的各个结构都能够有兴趣、有干劲地开展校企合作和产教融合人才培养模式。

2.建设相关的监督管理制度

政府有关部门要完善相应的监督和管理制度，并在此基础上进行协调，高校和企业才能在公平、公正前提下开展校企合作，才能使校企合作、产教融合等各链端均能享受到自己应得的利益。政府部门构建监督管理制度时，应进行如下两方面的工作：

第一，政府有关部门在校企合作、产教融合的进程中要采取行之有效的行政手段，建立各类地方行业协会和教育协会以及产教融合协会等。政府部门应成立有关校企合作、产教融合工作指导委员会，以期切实引导高校校企合作、产教融合进程。

第二，在高校校企合作与产教融合的教学途径推进的过程中出现问题时，政府有关部门要对高校和企业进行相应的引导与建议工作。从而使校企合作、产教融合模式有向导。

3.加大教育经费的保障和投入

经费保障机制是推行校企合作与产教融合的根本动因，政府有关部门应认识到资金问题对校企合作与产教融合进程的决定性作用，提高校企合作与产学融合资金的整体比例。有关部门可从以下四个方面着手：

一是各级地区政府要从资金政策方面提高对高校的投入比例，使高校可以拥有更多的教育经费，改善产教融合的教学方式。

二是政府有关部门可从开发贫困经费中抽出部分经费，扶持偏远地区高校实施校企合作、产教融合制度。从而确保偏远地区高校产教融合教学模式可持续发展。

三是有关地方政府应出台有关优惠政策及资金资助政策。对于开展校企合作、产教融合教学等教学模式搞得较好的高校，要适当奖励、鼓励资金，激励其在开展校企合作、开展产教融合教学工作中作出的努力。

四是在高校教育经费支出手段方面，政府部门可采取设立专项资金资助、转移财政支付、银行贷款减免利息等方式。

（六）提高社会参与程度

在落实校企合作与产教融合应用型人才培养过程中，为了确保企业成为校企合作与产教融合应用型人才培养落实主体能动性，确保企业长效参与热情，确保校企合作与产教融合应用型人才培养组织落实有章可循、无缝衔接等问题，既影响了校企合作与产教融合应用型人才培养落实成效，更关系到校企合作、产教融合等应用型人才培养能否持续稳定地发展。

1. 企业应该转变观念深入参与校企合作和产教融合

在高校开展校企合作、产教融合等教学模式中，企业应积极主动，积极参与产教融合进程，这既能助力高校培养应用型人才，也能为公司今后的发展奠定人才储备的良好基础，更是能提升公司社会形象和建立公司市场威望性的重要手段，可以说是一举多得。所以，企业参与校企合作、产教融合等活动时，转变思想尤为重要。

第一，企业在参与校企合作和产教融合的实践活动中，应该将企业的管理制度、经营理念、竞争意识等都纳入高校校企合作和产教融合的教学内容之中，这种思想意识的教学内容一方面有利于高校校企合作和产教融合教学机制能够与企业正式对接，还能够有利于校企合作和产教融合在企业的支持下进一步发展。

第二，企业在参与校企合作和产教融合的过程中，还应该树立好自己的品牌文化和整个企业的文化素养氛围。企业的员工如果能够积极地参与校企合作和产教融合教学，主动融入高校与校园文化、学生日常学习中去，可以为校企合作和产教融合的开展提供一个相互了解、文化氛围极浓的氛围。

第三，企业在参与校企合作和产教融合的过程中还应该为高校资金方面和技术方面提供相应的支持，高校与企业之间的校企合作和产教融合模式能够在一种双方相互得益的良性互动中开展起来。

2. 企业应该改善人才发掘的渠道

企业为了适应激烈的市场竞争，对人才会有着不同的需求。然而有些时候企业的这种对人才的需求却未必能够及时得到满足。因此，地方企业完全可以依靠地方高校，积极地参与校企合作和产教融合教学中去，为企业挖掘出更多的人才，在满足企业自身发展需求的同时，又能够为高校应用型人才的培养作出一定的贡献，是一举两得的好事。企业在校企合作和产教融合参与的过程中可以从以下三个方面去寻找发掘人才的渠道：

第一，企业在参与校企合作和产教融合的过程中，需要找到自己对人才的切实需要，然后根据这种需要与高校校企合作和产教融合相关教师一起制定产教融合的制度、章程、内容等，从而让学校培养出来的学生能够满足企业对人才的需求。

第二，企业参与校企合作、产教融合过程，要创建各类学习型组织机构。也就是企业能够为大学提供校企合作，产教融合服务的教师、学生实习岗位增加，适应市场，使校企合作，产教融合，教师能从宏观上把握在教学过程如何培养应用型人才，在校企合作、产教融合进程中使学生在尚未走出校门时，能拥有充分的生产实践经历，以期今后能更好地为企业服务。

第三，企业在参与校企合作和产教融合的过程中还可以多举办一些校企合作和产教融合的研讨会、总结会议等，让企业的员工、管理人员等能从中学到更多的企业生产的理论知识，拓宽企业员工的知识面。

四、校企合作和产教融合应用型人才培养模式改革的措施

深化实施校企合作和产教融合应用型人才培养模式改革的措施对策如下：

1. 发挥政府的主导作用

在推进产教结合、校企合作实践中，各级政府必须发挥主导作用。政府要切实承担与履行统筹规划、合理布局、建立健全法律制度、提供经费保障等职责。

目前，产教融合、校企合作尚在初步开展中，更多的是要由政府出面，统筹各方面的利益，确保它的有效发展。综合国内外经验与实践，各级政府要从统筹规划、法律和政策、经费投入以及财税等方面入手，运用舆论宣传及其他手段，以推动它的进一步发展。

（1）加强政府统筹，强化宏观调控。各级政府要把推进产教深度融合、校企合作作为重要工作任务，在规划上给予高度重视。设置内容涉及教育、经贸、税务等，由劳动和社会保障及其他部门构成的产教融合的专门机构、校企合作牵头协调机构，促进产教融合、校企合作朝着科学化，规范化的方向发展，走向高效化。要完善相关法规制度，对职业学校开展校企合作进行指导，制定相应的配套政策措施。

（2）加大投入，提供资金支持，各级政府要把校企合作运作所需经费列入政府财政预算，设立专项基金。

（3）颁布有关法律法规，对企业参与校企合作的责任权利给予明确规定，分工协作，形成合力，加快完善教育合作立法进程，细化和规范教育政策法规的制定、执行和监督，政府应进一步加快教育合作立法进程，把合作办学的相关细节在法律中明确下来，使政策法规的制定、执行和监督符合科学规律，从根本上确保合作办学的健康发展。

（4）制定相关的激励政策，对为学校提供校外实训基地、参与学校专业设置与专业人才培养方案制定、合作开展应用型创新人才的培养培训的企业可适当减免税收，全面落实校企合作的各项优惠政策，促进企业积极参与校企合作。

（5）提高劳动力市场的准入门槛，实行职业资格证书制度。

（6）推动院校和企业、行业协会组建教育集团，整合社会资源。

（7）研究制定科学合理的校企合作评价体系，对院校满足企业人才需求情况，学校服务企业的数量、效果情况，校企共建实习实训基地情况等进行考核评价，对在校企合作工作中成绩突出的院校和企业予以表彰奖励，并在政策、资金等方面给予扶持。

（8）着力推动院校与省市百强企业、大中型企业、亿元以上企业的合作，可以借鉴南通、潍坊市等地的做法，对二者建立核心伙伴关系作出具体规定。

（9）建立产业行业人力资源需求和高校供给、学生就业状况的信息平台和发布制度，为高校和企业提供信息服务，架设联系纽带，提升高校设置专业和培养人才的前瞻性和精确度。

（10）加强舆论宣传，更新企业的观念和认识，让企业意识到参与人才培养和培训是义务，同时还能调动企业主动参与校企合作的积极性。

除了上面这几条必须加强，还要针对性地采取政策措施解决发展中遇到的实际问题，政府对合理可行的意见建议应该在具体分析研判的基础上予以采纳。

2. 完善校企合作和产教融合机制

要实现校企合作的相对稳定性、可持续性和实效性，必须建立健全校企合作的运行机制。要着力从合作主体的定位、合作关系的界定、合作资源的调配、合作制度的设计、合作流程的编排、合作成果的共享等方面，来完善和形成"资源共享、优势互补、运行顺畅、成果共享、良性互动"的校企合作机制；逐步建立以市场和社会需求为导向、政府指导、行业引导、校企互助、企业参与、社会联动的校企合作运行机制，包括学生顶岗实习机制、双师素质培养机制、校企共同开发实训教材机制、校企共同实施订单式人才培养机制、校企共同建立毕业生就业平台机制等；理顺校企合作各方的利益关系，调动校企各方合作的积极性，改变"学校热，企业冷"的局面，促进校企合作的深入开展；建立订单式人才培养机制。

在实施校企合作的激励机制方面：实施技能型人才培训补贴制度，对参加高技能人才培训并取得相应职业资格的人员，给予1000元补贴；设立高技能人才成就奖，评选有突出贡献的高技能人才和市技术能手，建立了高技能人才的表彰奖励机制。在校企合作培养应用型创新人才上也可以借鉴这些有效的经验。

3.拓宽校企合作和产教融合领域

必须进行多形式、深层次的研究和全方位的协作，从目前偏重实训实习的协作扩展为与行业企业联合制定应用型人才的培养方案，合作开发专业核心课程，联合进行课题攻关、项目研发与技术应用等，共同打造充满学科专业特色的学科、区域行业特色校企合作教学基地。同时，在校内设立"双师型"教师队伍，构建教师实践能力培训机制。扩展校企合作的空间，多方位达到校企优势互补、互助双赢的目的。要进一步加强政府对高职院校办学体制机制改革的指导服务工作，加大投入力度，加快推进国家示范性高等职业院校立项评审步伐。应鼓励企业参与人才培养的全过程和联合创新、健全工学结合人才培养模式，一起参加培养方案的制定、教育目标和教育教学计划的制定等，课程体系建设等、课程标准的确立、教学计划的执行、教学质量评价与毕业生就业、实训实习基地建设、教学团队建设等应根据当地产业结构、企业结构特点进行，形成有地区、有产业、有工业的格局以及专业特色校企合作体系。

重视校企之间的应用型科研合作，这对于我们国家开展校企合作培养应用型创新人才同样重要。从前述发达国家应用型创新人才培养模式中不难看出，学校重视校企联系，校企合作的范围很广，合作的形式是多种多样的，包括注重校企间应用型科研合作等。在一些发达国家中，很多企业都与高校建立了长期稳定的合作关系，并将这种合作模式运用于人才培养过程之中。比如，芬兰多科技术学院采取校企合作的方式，积极进行应用型科研，学生的学习与研究积极性得到了充分的调动，创新精神得以发挥，创新能力和专业能力得到极大提高，有力地促进了应用型创新人才的培养。同时，多科技术学院在地区中的地位和作用得以提升，企业直接或间接参与人才培养的全过程，特别是使越来越多科研成果应用于地区企业发展，促进了企业核心竞争力的提高，进而实现当地的经济腾飞从而实现了学校、企业与地方的多赢。芬兰多科技术学院人才培养模式建立以来，培养了一大批高质量的应用型创新人才，为促进芬兰社会经济发展作出了巨大贡献，得到社会各界的广泛认可和赞誉。

校企合作也可以组织竞赛活动，创新校企合作模式，企业、高校和协会通过赛事活动，不仅可以提高学生设计与实践相结合的能力，而且为企业注入了新鲜活力，为企业管理、产品研发人员和设计师提供一个新的视角和思路，同时还能为企业推荐人才，拓展院校、企业的合作关系，达到三方共赢的目的。

企业、高校双方应加强人才培养项目的合作。当前，校企合作很多都是围绕着技术及产品项目开发展开，研发团队以大学为主，企业科研人员在日常交互中的参与度并不高。因此，可以从"校企"两个角度进行探索，即把高校教师引入企业开展研究工作中，同时把企业人员引进高校，通过建立长期稳定的合作伙伴关系，实现双赢。未来可不局限于技术、产品以及课题方面的研发，将企业、高校双方的人才培养项目纳入科研合作，高校师生深入企业一线、企业员工走进高校，互取所长。

企业与学校可以达成"先招生再培养"的共识，实施"二元制"技术技能人才培养，即招生对象可以是应届学生，也可以是已经与企业签订劳动合同的在职员工，此举既满足企业对人才的即时需求，又实现了员工个人能力的提升，有利于为行业培养和输出较高素质的应用型专业人才，实现"校、会、企、人"多方共赢。这样不仅为学生创造更多到企业实践的学习机会，还可以使学校教师深入企业，了解整个产业的技术型人才需求痛点。我们可以说这是所有产业转型升级的需要，同时也是人才培养模式改革的需要。

除人才培养上的配合外，在职员工含中高层管理人才培养，更是学校与企业共同关心的热门话题。很多企业对员工的教育培训都非常重视，但是由于企业内部的差异以及自身特点等因素，使得企业对员工的培养有不同的要求。如今，企业所面临的培训五花八门，品质也是鱼龙混杂。提升培训质量，与高校合作开展人员培训，有利于提升企业现有管理团队的水平，也降低了企业引进中高级人才的成本。

校企合作要对新格局进行广泛而深刻的探索。历年来有许多校企合作项目，重点是人才培养与科研合作两方面，已取得很大成绩，探索了很多操作比较成熟的模型。但是，由于企业需求发生变化，校企合作的内容与形式还需大力突破和深化拓展。

由于企业在机器换工、精细化管理等方面的发展，企业用工更趋向于专业化，对人才要求更高。在企业技术、管理升级的同时，员工也需要找到业务技术升级的通道，校企合作开展培训并拓展适合企业需求的培训领域，是企业进行内部挖潜的重要渠道；在科研项目合作上，由于高校学科和专业设置等原因，企业与高校的合作还需要作出许多调整，才能形成企业一线需求与高校智力支持的无缝对接。

当订单培养、项目合作、行业培训遇上今天的"互联网+"、智能制造、电子商务时，企业对校企合作提出了更多的需求，也有着更高的期待。产业链上的需求将触动人才培养模式的创新，在产业转型升级的过程中，产教融合、校企合作的模式和内容势必要同步更新。

4.加大校企合作和产教融合平台建设

要整合政府、学校、企业、行业协会等各种资源，围绕重点产业和新型产业，组建与产业人才需求紧密对接的各类区域行业性职教集团，制定执行章程，积极利用其平台所提供的丰富资源，深入开展校企合作。

为切实有效发挥上述合作平台的功能，要做到以下三点：第一，校企之间应密切合作。例如，开展实质性人才订单培养或者委托培养工作等，共同发展特色专业、特色课程和教材建设，联合培养学科业带头人、联合成立技术研发团队的研制项目等。第二，联合参与平台搭建，包括构建信息系统、构建调配系统、构建服务系统等内容，在平台上起到骨干引领作用，强化服务校企合作的作用。第三，应该充分发挥平台的优势，不断丰富合作形式，扩大办学空间，提供人才供求信息，扩宽企业选才和学生在就业过程中的渠道，强化同人力资源市场的联系等，保证毕业生就业市场衔接和交流，最大程度地适应企业人才需求。

第四章　高校应用型人才培养实践教学改革依据

　　本章的主要内容是高校应用型人才培养实践教学改革依据，主要从三个方面进行了论述，分别是高校应用型人才培养实践教学改革的目标和原则、高校应用型人才培养实践教学改革的评价体系、高校应用型人才培养实践教学改革的教师队伍。

第一节　高校应用型人才培养实践
教学改革的目标和原则

一、高校应用型人才培养实践教学改革的目标

高校创造性教学的目标与中小学的教学目标有着截然不同的层次等方面的区别，是对中小学创造性教学目标的超越，高校应该在与中小学的比较和衔接中，根据高校的培养目标和培养要求来提升确立。高校应用型创新人才的培养，也有自己相应的创造性教学的目标。开展创新教育培养高校应用型人才，不能仅站在高校的位置和角度考虑，需要做好与基础教育的有机衔接。而基础教育的同行们实施创新教育时也是如此，也得注意考虑怎样为高等教育打下更好的基础。不论是高等教育还是基础教育，教育工作者都应有一个纵览基础教育到高等教育的长远的眼光。人的素质和创造性的发展是一个一以贯之的过程，影响与促进人的素质和创造性的发展的教育活动也是一个一以贯之的过程。教育活动过程不同阶段的目标任务是不同的，人的素质和创造性的培养在不同的教育阶段的目标任务也是不同的。不同的教育阶段应该建立既相对独立又彼此衔接、从低到高、由浅入深、循序渐进、分层推进、内容有所侧重的创造性教学的目标体系。

（一）培养高素质应用型人才

学习以目标为导向。具体地说，就是在对不同层次、不同类型学生进行教育时，应怎样制定出特定的创造性教学目标。

高校应用型创新人才培养目标应包含德育目标、双基的教学目标、一般能力的目标、实践应用能力的培养目标、创造性目标等。其中创造性目标，应该成为最高的教学目标。在高校中，这些目标的作用只有一个，即培养高素质应用型人才。

所谓目标，就是人对自己的活动所预设的构想与安排。因此，目标对一切事物都具有导向作用。明确了目标，就能让人对一切工作都有一个清晰的定位，还

让检查、督促、评估和其他工作有据可循。目标是一样的，创新教育的推行，亦有行动的指南和具备操作执行基础。如果创新教育没有了目标，那么它将难以向纵深发展，现在许多学校创新教育都流于表面，其中最主要的原因之一是创新教育目标体系的缺失。

（二）培养创造性应用人才

确定教育目标一定要从学生的实际情况出发，遵循成长的规律，而不使目标成为一种外在的强制的东西。强调从学生实际出发，我们在制定创造教育或者创造性教学的目标时，必须考虑学生及其具体情况。

创造性必须从小培养。创造应用教育目标必须从早期就确定。学生的成长过程是有规律的，学生的素质发展、创造性发展也是有规律的。人的任何素质都有一个循序渐进地发生发展过程，不是突然形成的。人的创造性的培养也是一个循序渐进、由低到高的过程。[①]

就创造性发展而言，一般情况下幼儿具有丰富的想象力与创造性。此时如果没有因势利导，便抑制了幼儿的创造表现，等上大学之后再想培养往往会事倍功半。与此同时，心理学的研究证明，儿童在早期养成的不良习惯如果没有及时加以改正，成长后很难改变，所以幼儿教育在素质教育中处于首要地位，并且是一个重要的环节。注重创新的素质教育，在幼儿教育阶段所具有的重要意义以及如何进行，均已受到了党和国家的重视。幼儿教育事关党的教育方针的落实和德、智、体、美、劳的发展，及其培养社会主义事业建设者与接班人这一重要问题。创新应用教育属于全程教育的范畴，要贯穿教育的始终，无论是在学前教育，还是小学教育，甚至整个基础教育阶段，都变得格外紧迫。

同时，创造性应用教学目标的制定要充分考虑学生的个别差异和发展特点，深入分析每个学生的现有水平和创新潜能，因人而异，增强针对性，在其最近发展区内确立教学目标，使每一个学生的创造性都得到最大限度的开发和发展。

学前和小学教育阶段是人生发展的早期，是整个教育的基础，也是创新教育和创新应用人才培养的基础。中等教育阶段在整个教育体系中处于承上启下的阶

---

① 钟祖荣. 关于创造教育几个理论问题的思考［J］. 教育研究，2001（3）：47-51.

段。学前、小学教育阶段和中等教育阶段构成了教育体系中的基础教育阶段，为高等教育阶段打下了学习和发展的基础，包括创新发展的基础。高等教育在此基础上促进学生的高层次专门化发展，包括其创新发展。一句话，基础教育和高等教育的性质任务等有所不同，前者是为人的成长发展打基础的，也是为以后的高等教育打基础的；后者是在前者基础上培养高层次专门人才的。所以，高等教育（高校）和基础教育即中小学、幼儿园在设定教育教学的目标上必然是有区别的。

创新人才的成长有一个过程，有其成长发展规律。必须尊重这个规律，顺其自然，因势利导，不能拔苗助长，不能一蹴而就，也不能残酷扼杀。创新人才的成长从小开始，从其人生发展的基础开始。因此基础教育就要及时跟上，及时开展对孩子的创新教育。在各类课程和各科目的教育教学中培养孩子的创新意识、创新能力、创新潜力、创新人格，为大学教育打下基础，为其日后的创新发展打下基础。

教学活动是学习知识、培养智力、发展能力和创造性的主要渠道。创造性教学一定要以创造性教学目标为指导，才能不迷失前进的方向。创造性教学的第一目标就是创造性应用学习，有一种观点认为学生在学习中只接受前人知识，学书本知识，并非创造发明，谈不上创新。事实上，学生在校期间的学习虽然与科学家们的研究有所不同，与社会中的创造也不一样，但学生的学习也应该是一种创造性学习。学生的创造性就主要表现在学生的创造性学习上，与学校外面的社会上的创造性人才的特点与表现有所区别。学生的创造性为其以后走出学校、走进社会表现出来的创造性打下基础。学生的学习如果没有创造性，那么这种学习难以培养出社会所需要的创造性人才。

创造性学习或创造性教学，就其本质而言，就是创造性的活动。它要求学生以自己原有的知识经验为基础，通过独立思考和合作探究，创造性地解决问题或提出问题。这一创造性学习或创造性教学之产物或结果，可以是一种语言文字、文学方面的著作，如作文和学术论文；也可以是科学的一种形式，如新奇、独特而又富有内涵的问题解决方法等；也可是一种接近科技的设计、途径与手段，如科技小制作、科技作品。概括地说，创造性学习或者教学活动与其他教学活动相比，其所寻求的教学目标具有不同的特征。从研究方法内容上看，创造型学生不仅不满足于现有课程教材的学习，同时也不满足于教学内容或者老师讲解的知识的学习，很多人都倾向于或者热衷他们对于现实世界和未来世界的探索；从学习载体途径上看，创造型的学生对于语词或者符号都是格外敏感，能够在和他人的对话或其他多种交互作用下，找出问题并解决问题；从学习策略目标上看，创造型的学生既擅长获得校内外、课内课外的知识，又具有高度的求知应用意识，独立性强，因此比较能够分析并选择性地吸收过去与现有的东西，形成不同寻常的观念，比较能够发展出创造性思维和创新能力。

创新能力是人类能力系统中高层次的东西，人们很难做到一步到位。因此，我们不可能等高等教育阶段才进行培育，必须从小养成。只有这样才能够使他们将来适应社会需要。在基础教育阶段，应针对创造性人才整体创新素质——创新精神与创新能力进行训练，只不过应强调基础教育本质特点，将目标定位于"基础性"问题，积极培养"基础性"创新意识、创新观念、创新态度和创新能力，其中尤其应重视对学生好奇心的激发，使他们求知欲强、想象力丰富，发展学生批判性和创造性思维品质，培养学生探索、发现并初步形成创新能力，才能实现创新精神与能力的发展。

简而言之，培养大学生创造性就是要发展人们的创新精神、创新态度、创新人格以及创新能力，是教育实践的首要价值取向。其基本思路与主要内涵在于挖掘大学生创新潜能，倡导大学生主体精神，促使大学生素质得到全面性、创造性的发展。大学的创新教育包括创造性教学，讲求综合性、系统性、整体性和层次性，它的实质就是素质教育走向深入的根本形式，就是追求真实高层次教育价值。适用于本科层次应用型创新人才培养的创造性教学应切实体现和贯彻落实上述思想理念和目标价值。同时，新建地方本科高校或应用型本科高校应依据不同学校、不同专业和不同该课程的具体实际，同时还要针对所在地区的社会经济发展以及企事业单位对人才的需求情况，有针对性地制订、完善人才培养计划，并在此基础上积极推进人才培养质量的校标、行标、企标以及国标的建设，并以此引领实施各专业、各课程、各堂课的创造性教学。

二、高校应用型人才培养实践教学改革的原则

（一）科学性与思想性统一原则

科学性与思想性统一原则，就是要在教学中把传授科学知识和进行思想品德教育的学习有机结合起来，体现了教学具有教育性的规律。它要求教学活动不仅能满足受教育者获取科学知识的需要，而且也应使其受到思想政治方面的影响，从而达到对他们进行社会主义道德情操培养和道德品质塑造的目的。伴随着人类对自然的理解、改造社会的能力日益增强，尤其是当今科学技术发展日新月异、教学内容不断地更新和发展。因此，我们必须把教学过程看作一个复杂系统来研究，使之既能适应现代社会对人才素质要求的变化，又能够培养出符合现代化建设需要的新型专门人才。高校应用型人才培养的实践教学改革，教师应将正确科学理论知识传播给学生，以及时吸收和丰富新知识、新信息的能力，删除陈旧过时、已经证伪了的理论知识，确保教学内容科学、先进性与时代性。

同时，应用型人才培养教学是在鼓励学生创造的自由宽松的教学气氛中进行的，创造不等于不要纪律、不要遵守社会道德和法治规范。在教学过程中，更要注意对学生进行思想道德和法制教育，增强学生的道德意识、法治意识和社会使命感、责任感，培养学生的正确的价值倾向和价值观，尤其应引导学生树立社会主义核心价值观，提高学生的人文素养，为创造指引正确方向。同时，强烈的社会使命感、责任感也是推动学生发展不可或缺的强大动力。

（二）教师主导作用与学生主动性结合原则

这一原则旨在把教师在教学活动中的主导作用与学生主体地位相统一，它体现了教与学辩证统一的规律。

现阶段，学生在学习过程中具有十分重要的作用，他们是学习与发展的主体。因此，课堂教学必须以学生为中心，充分发挥学生学习的主体作用。从某种意义上来讲，学生的学习与成长只能通过其自身的学习和实践活动。教师在教学中应尊重学生主体地位，在教学中起主导作用，想办法去激发、调动他们在学习创造中的主动性。这就是为什么在我们高校应用型人才培养实践教学改革中，要大力

倡导和实施交互式教学、探究式教学等教学方法。许多高校的实践也表明，利用问题导向的探究式教学方法，创设学术研究的情境，引导学生进行实验操作、调查研究、收集和加工资料、表达和交流等方面的探究活动，引导学生在企业生产中自主发现问题，获得解题能力，从而推动学生探索精神与创新能力的培养。

高校应用型人才培养实践教学改革要求教师和学生都发挥好作为教学活动主体的作用，所以，在进行教学时，教师应有效地实施主体性教学策略，真正采用启发式教学，教师和学生都应该主动探索、主动实践、主动思考，如此，教师和学生的"自我价值"均能得以相对实现。

第二节　高校创造性应用教学评价指标体系

在新时代，与基础教育战线长期呼吁以素质教育和创新应用教育取代应试教育一样，高等教育中也有应试教育，也需要把应试教育转为素质教育和创新应用教育。为推动高等教育向素质教育和创新应用教育转轨，需要研究构建和实施一套较为科学可行的容易为广大教师接受的创造性应用教学评价指标体系和评价办法，然后结合各自学科专业的特点加以执行实施，保障和推动课堂教学质量的提高，促进应用型创新人才的培养。

创造性应用教学评价的含义、实质及其特点是我们进行创造性应用教学与评价活动最直接的理论起点。所谓创造性应用教学评价，是指按照创造性应用教学的要求，以创造性应用教学思想为指导，应用现代教学评价的理论与方法，从而对师生教学活动开展情况进行价值判断，其旨在促进创造性应用教学，同时达到其目标的教学评价活动。进行创造性应用的教学评价，这对于促进与指导创造性应用教学在我国的开展，有着极为重要的理论意义与现实意义。

一、构建创造性应用教学评价体系的主要依据

（一）评价目的

创造性应用教学的评价目的，是指评价预期取得的效果，就是考核的方向。从某种意义上来讲，评价目的影响着指标体系各层次指标筛选和权重的确定。从现代教育评价指导思想来看——评价是为了创设适合于学生接受的教育，综合国内外对教学评价研究的诸多做法，笔者认为，创造性应用教学评价是教学的首要目标，至少应包括以下三个方面：一是有助于教师改变传统的教学观念，循序渐进地树立创造性教学理念，确立明确创造目标意识，增强应用创造性教学原则及方法的意识和能力，较好地推动了学生的创造性；二是指导教师营造适合全体学生的综合、生动、活泼、成长、成才的课堂环境；三是完善高校及院系服务管理工作，让不同层次的服务管理者进行更加高效的考察、掌握教师教学情况，强化

教学服务与管理保障等，充分发掘与开发教师及各类教学资源潜力，增进教师职业能力与个性发展。这三个方面是综合的，说到底就是要实行创造性的应用教学，提升教学与应用型人才的培养质量，带动学生、教师、管理者和学校一起成长、一起发展。构建现行创造性应用教学评价指标体系，应服务于评价目的的达成，服从评价需要。

（二）政策法规依据

目前创造性应用教学评价指标体系建设，既要依靠国家，也要依靠地方政府，特别是要依据教育行政主管部门所制定的相关规定和政策。比如，教学大纲就是由国家统一规定各科教学内容的文件。教师的教学应认真落实大纲的要求，使教和学都能符合国家的规定。所以，对创造性教学的考核不能脱离教学大纲。

我国的重要战略"创新驱动发展战略"和"科教兴国战略"，迫切要求高等教育要实现向素质教育和创新应用教育的转轨，迫切地要求高等教育向素质教育，创新应用教育转变，迫切地要求应用型高校在办学、人才培养等方面进行变革，必须面向全体学生，让每个学生都获得全面健康的发展。所以课堂教学要体现素质教育与创新应用教育，重视培养学生的社会责任感、实践应用能力、创新精神、创新应用能力。

（三）理论依据

创造性应用教学评价不能盲目地使用，它需要以现代教育教学理论和学习理论为指导。这些有关现代思想理论都强调，教学不仅要把基础知识、基本技能教给学生，开发学生智力、发展学生能力、应用性与创造性，还要培养学生身体、人格和个性，把学生培养成具有健康身心和专业知识的人。此外，既要引导教育教学中学生各方面素质的全面培养，还要特别突出和强调核心素养的培养。事实上，早在20世纪80年代，我国相关教改就已经提出教育目标：强化基础、提高素质、强化能力、发展个性。这是一脉相承，创新发展，有了新的内涵、指向和侧重点的素质教育观，这个素质教育观是今天高等教育转轨转型中必不可少的，是我们确定课堂教学质量评价指标体系的出发点和根本依据。

与强调全面素质与核心素养的培养相统一的是，就学力观而言，现代教育理论十分强调基础学力的核心内容，要有学习态度、学习动机、学习感情、学习兴趣。所谓基础学力，就是学校教育要常给学生以长远的好处，甚至是一生都在发挥作用的事情（包含知识、态度、能力和创造性），失去态度的学力观就变成了纯粹技术主义的东西。学习本身就是一种复杂而又艰巨的心理活动过程。除学习态度和动机外，兴趣、情感等是最为核心因素，当前的时代特点，也呼唤着学生创造能力、应变能力和交往能力、竞争能力等方面的发展，为了适应这种多变快变、节奏加快、"知识爆炸"的局面，很多问题通常都不会有现成的答案，同时也具有很多的不确定性，所以我们必须重视培养学生良好的素质。实施素质教育与创新教育，学力观要符合现代教育理论与学习理论的要求，并且把新的学力观反映到课堂教学质量评价指标体系中去。

在创造性应用教学评价中的具体实施，就需要把创造性教学及其评价同一般教学及其评价加以区别。从本质意义来说，创造性教学是一种具有特殊内涵的教学活动。创造性教学是以知识为中心，更加注重学生对知识的获得过程与途径，它特别注重学生在情感上的经历与发展，注重创造性的培养，如自信心、合作精神、交往能力等方面的发展，同时也注重培养学生的实践应用能力、创造性思维、批判精神和判断能力等。目前制定的创造性应用教学评价指标体系应有助于衡量这种"高价值教学成果"。创造性应用教学评价应在现代创造性理论的指导下进行。在当代许多创造性的理论之中，最具代表性和最有影响力的当属"斯坦伯格创造力投资理论"。这一理论中提到了创造力，认为它具有智力、知识、思维风格、人格、动机与环境等六个要素，它是这些要素交互作用的产物。根据这一理论，教师进行创造性教学，应特别重视从这六个要素中给予学生的作用。进行创造性的教学评估，还要将这六个要素以及它们之间的相互联系，有机整合融入指标体系中。另外，教学评价的创造性应用也应在现代教育与教学评价理论的指导下进行，以现代教育教学评价为指导，也就是说，将"创设适合学生的教育"的理念渗透体现在指标体系的构建上。

（四）实践依据

建构创造性应用教学评价指标体系，必须具有其科学性和合理性，还要有可行性。在实施创新驱动发展战略的新背景、新形势下，各所高校都非常重视实施素质教育和创新教育，培养创新人才包括应用型创新人才。因而，实施创造性教学的条件具备、需要迫切、气氛浓厚。各地各校这些年的教改探索实践方兴未艾，成果不少，许多优秀教师、教学名师在课内课外为了全面提高学生素质，增强其创造性，付出了巨大的心血，获得丰富的教学经验。国外的教育在开展培养学生个性、创造性、动手能力等方面的教学活动是比较早的，有较多的经验可供我们参考。凡此种种，为创造性应用教学评价指标体系的建构提供了一些有益的实践经验准备。我们要借鉴现有先进经验，并通过科学的分析，对所确立的指标体系进行整合，并在实际工作中灵活运用。

二、创造性应用教学评价体系的主要内容

（一）课堂上师生是否具有明确的创造应用目标意识

第一，教学工作是一个有步骤、有针对性的活动，每节课都需要有明确的目标，并且这一活动要与学科专业教师、学生和办学目标定位的现实情况相吻合，只有这样才能更好地实施好教学大纲及质量标准，从而完成教学大纲要求的教学任务，并达到国家、学校制定的有关质量标准，才能实现教学工作与人才培养的总目标。第二，创造性教学的特点之一是"明确创新取向，树立创造目标意识"，为此，在实践中，必须把创新作为首要的价值取向，教师和学生要有明确的教学目标意识，特别要有创造目标意识，包括德育目标、双基教学目标、一般能力目标、实践应用能力的培养目标、创造性目标等，这些目标都应在教师教案中有一个明确的体现。另外，也要检查教师在课堂教学时是否有意识地应用创造性的教学原理与方法。这是因为在教学中我们有必要引导学生进行创造性学习，更可以说，它是教师对创造目标有无清晰认识的一个重要标志，对创造性原则和方法应用意识不强，创造性的教学目标是没有依靠的。

（二）理论知识训练与联系实践是否具有科学性与灵活性

第一，创造一定要传承，创造要有知识原料。教师向学生讲授的理论知识以

及所开展的专业训练是否具有科学性，这些是非常重要的。第二，创造一定要有灵活性，如果学生消极地接受知识、死记硬背，对于创造性发展的推动作用亦不明显。所以，在知识教学上同样存在着教与学之间的战略问题。它的体系标准是：一是教师对于概念、词义的理解、原理等的教学对不对、有没有科学性错误（允许课堂内改正），进行的证明、所引事实、所引资料、所举事例是否贴切、典型；二是教材的内在思想性有没有得到发掘，教师有没有因势利导，让学生在不知不觉中接受思想教育，达到了教书和育人的统一；三是教学能不能确保学生循序渐进地对该课程甚至该专业理论知识有一个整体把握与基本技能的应用；四是在教学深度、进度上是否充分考虑学生年龄特点及个体差异，教学能否与学生学习能力相适应；五是教学内容有无突出重点、把握重点、突破难点的问题；六是教师对有效教学策略有无重视，是否指导学生消化理解、灵活应用、积极接受，是否注重优化学生知识技能储存加工方式，培养个性思维品质，是不是正在由具体向抽象发展，由个别走向一般的方向努力，着力提升学生知识概括化水平，是否正确处理好知识传授与鼓励创新之间关系；七是教师能否将研究成果有机地融入教学中去，从而进行研究，引领教学，引领创新。

（三）学生是否独立自主学习

就现阶段我国的教育情况而言，学生在课堂上的积极性、主动性，以及他们的独立性如何、自主性的发挥水平，直接关系到课堂教学质量的高低。因此，培养学生自主学习能力已成为当前教学改革的重点内容之一。学生能否自主、独立、主动地学习，成为衡量教师教学策略应用成败的一个重要指标，同时也是展现其教学成果的标准之一。因此，教学中必须把提高学生的学习主动性放在首要位置，充分调动学生的积极性和主动性。同时，关注并激励学生自主学习，还是建构主义的一个重要观点与实践。发挥教师主体引导作用，使学生自主学习，才能培养学生独立学习、独立思考的能力，同时也可以培养学生敢于创新的精神。此外，教师还要善于营造和谐的氛围、轻松的课堂气氛，让学生拥有轻松、愉悦的心情，并体会到成就感和其他多种积极情绪，并且使这些情绪与情感得到培养。在对学生自主学习能力进行评估时，应调查以下问题：一是学生有没有被激发出浓厚的学习兴趣；二是教师有没有采取措施，来激发、培养学生的学习兴趣，比如内容是否新颖，是否具有现实意义、是否引人入胜等，此外，教学方法、形式是否多种多样，是否合理运用现代教育技术开展实践活动等；三是课堂气氛是否宽松与热闹，教师与学生双边活动的频率和效果；四是学生有没有独立自主地去学、去想、去做，有无自由、安全学习环境，能否自由地经历种种积极情绪；五是教师有没有重视和善于增强学生适应教学的能力等。

（四）教师的语言、教态、教风如何

教师完成教学任务的主要方式是语言。语言精当、明晰、生动、幽默而有感染力，能够有效提高教学效果。教师教学形象、教态等会直接影响课堂教学质量，在具体的评估中，需重点考查以下几个方面：一是教态自然不自然，是否落落大方、和蔼可亲，有无号召力；二是语言准不准，是否清晰、言简意赅、生动传神；三是讲课条理明确与否，逻辑性强不强，是否能深入浅出；四是表达的速度；五是板书运用是否设计合理、简明扼要、工整规范；六是教师是否按时上下课，不迟到、不早退，教学认真严谨，有良好的教风。

（五）教师是否真正运用启发式教学方法

教学方法是指在课堂教学中，教师为了完成教学任务而采取的途径与方法。如果没有采取有效方法和策略，提高教学质量则是空谈。因此，教师要有效地实施主体性教学策略，巧用启发式教学。启发式教学，就是要把学生作为教学活动的主体，让他们自己去探索知识的产生过程和规律，从而掌握获取新知识的学习方法。在实际工作中，要充分发挥启发式教学作用，就要注重对学生进行全面培养和训练。在具体的评估中，可以考查以下七个方面：一是是否根据实际教学需要采用启发式、讨论式、案例式、探究式、交互式等教学方法，是真正采用启发式教学，还是注入式教学，甚至是"假启发"；二是是否重视创设创造性教学的气氛与环境，实施情景教育，开展现场教学，实现由景入情，情景交融，以情感人，以情育人，变"讲堂"为"学堂""练堂"；三是是否促使学生质疑问难；四是有无进行精讲精练，课堂上有无精心设问；五是是否依据特定教学内容、教学对象来选择、应用恰当的教学方法，达到因材施教的目的；六是多媒体与其他现代教

育技术手段及多种教学资源选择使用的合理性，能否适应教学的需求，使教学充满美感与魅力；七是能否善于引导学生进行思考、运用、创新，是否对学生进行创造性思维的培养。

三、运用创造性应用教学评价体系应注意的问题

（一）定性评价与定量评价相结合

课堂教学评价指标，有的能定量，有的不容易定量，在进行评价时，应结合具体指标的性质来决定评价方法。实践表明，定量和定性两种评价方法结合使用的方法更为妥帖。可采用二次量化的方式，对教师自评、同行互评、领导评价、学生评价所得的分数进行相加，从而得出最终的评价结果，如果想要进一步确保评价结果的合理性，可以适当提升同行互评在整个评价体系中的权重系数，大学生评价也很重要，因为大学生的知识基础，尤其是独立自主的判断能力与中小学生已不可相提并论了。同时，也应尽量避免和减少因"外行"评价"内行"造成的误差。此外，在指标体系中权重的分配，应能有利于突出对教师执行教学大纲、启发式教学、现代教育技术的应用，教师对学生的学法指导、理论应用指导、创新指导、创新精神与实践能力培养、非智力因素等方面的导向作用。

（二）随时评价与定期评价相结合

一堂课的评价结果不能代表一位教师的真正水平，如果只评价教师认真备课的一节课，然后对教师的教学水平下结论，可能会对评价结果的客观性造成严重影响，教师对评价结果的意见也就随之产生。所以对课堂教学质量的评价应采取定期和随时两种方式。

（三）公开性与公平性相结合

开展课堂教学质量评价，要向教师公开此次评价的目的意义、评价标准和指标体系、计算的方法等，在评估之前做好宣传发动工作，使得人们在思想和技术方法方面形成一致的意见，进而进行公平竞争。唯有如此，才能使评价结果易于被教师接受，评价结果也会使教师心悦诚服。因此，现代教育评价十分注重评价

对象主动参与的过程，非常注重评价结果最终的解释与应用部分，这应特别受到评价组织者及学校领导的重视。

简而言之，创造性应用教学评价的实施是一个颇为繁杂的任务，制定的评价指标体系需要在实际工作中不断地进行修正、完善，唯其如此，才比较合乎实际、比较科学。同时，评价结果应与教师的津贴发放、职务晋升、年度考核、评先评优、教学竞赛等挂钩，以提高广大教师参与评价改进教学、提高教学质量的积极性，并真正实现教学评价和教学管理应有的功能。

第三节　高校应用型人才培养实践
教学改革的教师队伍

　　培养提高高校教师的素质能力水平，大力打造一支创造应用型教师队伍，是实施应用教学、培养应用型创新人才的突破口和关键。教学论认为，教师是教学活动的核心，一切教学活动实际上都是教师实施的结果。因此，教师素质水平，是教育教学成功的关键。所谓"名师出高徒""强将手下无弱兵"等，从一定程度上简要概括了这个道理。

　　可见，没有高素质的教师，不可能有高质量的教育。没有创造型应用教师，不可能培养出应用型创新人才。可以说，高等教育想培养出一大批作为国家建设发展栋梁的高素质创新应用人才，离不开拥有一大批创造应用型教师的高素质教师队伍，应用型本科院校和本科层次应用型创新人才的培养也不例外。而且，新建地方本科院校或者应用型本科院校的专业及其人才培养重在应用。就应用型会计专业而言，在会计专业任教，既要有较深的理论知识水平，又要有教学经验，还要有一些实践经历，具有实际会计工作的能力和审计工作经验。但就会计专业师资队伍建设现状而言，多数教师的实践经历相对欠缺。所以，只有打造一支具有较高理论水平、实践能力较强的"双师型"或"双师双能型"师资队伍，才能提升应用型本科会计专业教学水平，为社会主义建设培养更多优秀的应用型创新人才。其他专业也是一样的道理。同时，作者认为，本科层次应用型创新人才培养还需要一大批自身也是应用型创新人才的老师。这是非常关键的，不仅需要目前所谓的"双师型"或者"双师双能型"教师，还需要这些"双师型"或者"双师双能型"教师必须是应用型创新人才。当然，应用型高校教师队伍中，还需要有其他方面或其他层次的创新人才。作为培养创新人才或者应用型创新人才的高校教师，其创造性对学生的创造性培养是至关重要的。这个理由很简单，因为培养学生创造性，教师自己首先要有创造性，所谓"打铁还需自身硬"。同时，这是因为教师的劳动是一种具有很高创造性的劳动，可以说创造型教师对创造性人才的培养和我国高等教育的改革发展具有非常重要的意义。同样，应用型创新的教师对本科层次应用型创新学生的培养也具有非常重要的意义。

那么什么样的教师才是创造应用型教师呢？所谓创造型的应用教师，是指善于汲取最新教育科学成果的人，能够主动将其应用到教学当中，并具有独到的见解，能找到新的有效教学方法的教学。这一界定多是从教学要求出发，从一个侧面道出了创造型应用教师的本质。鉴于教师不只是一个职业，首先是一个拥有独立人格、从事创造性人才培养的使命、工作有很高创造性的教师，创造型教师应该是能够满足教育教学和创新人才培养包括应用型创新人才培养要求的，具备复合素养和开放品质的教师。下面着重从两个方面阐述：

一、应用型教师要具有独特的创造性人格

应用型教师自己本身是一个有着独特人格的创造性人才。

首先，应用型教师应该具备创造性，具备一些各类创造者共有的人格特征。国外在这个方面的研究不少。例如，戴维斯于 1980 年在第 22 届国际心理学大会上提出："具有创造力的人，独立性强，自信心强，勇于冒风险，其有好奇心，有理想抱负，不轻易听取他人的意见，对复杂奇怪的事物感到一种魅力，而且有艺术上的审美感和幽默感，他们的兴趣既广泛又专一。"[①] 造就应用型人才，需要知识基础坚实、想象丰富，同时也具有较强的创造性思维，在他们身上显示了独立、自信、灵活、开放、好奇心强的性格特点，一般这些人都充满活力、注意力集中、持之以恒、充满冒险精神。应该说这几个特点在通常情况下，也是已经被人们接受的。其中有一些属于智力因素性质的，如牢固的知识基础、丰富的想象和创造性思维，更多地体现为一种非智力因素，表现为好奇、自信、执着、豁达、冒险精神等，这两方面一起形成创造应用型人才的创造性人格特征，造就应用型教师这一创造性的人才，应当而且必须设法拥有所有类型创造应用者所共同拥有的上述人格特征。

其次，创造应用型教师作为教育领域的创造应用型人才，除应具有创造性应

---

① 罗晓路 . 大学生创造力特点的研究［J］. 心理科学，2006（1）：168-172.

用人才所共有的创造性人格外，还必须具有职业要求的独特创造应用性人格。

教师具有特殊的创造应用性个性，仅仅是教师进行创造性劳动之根本，在实践上不一定就是创造应用型的教师。一个教师想要成为创造应用型的教师，必须把自己创造性的人格特征落到实处，用个性的影响力塑造个性，也就是在建设有中国特色的社会主义的教育实践过程中，用高尚的创造性人格去感化教育学生，塑造学生创造性个性。这不仅是教师为人师表的基本要求，而且是教学之教育性规律的需要，更是中国特色社会主义教育的需要。

教师的人格素质对于塑造学生创造性人格起着极大的促进作用。良好的师德修养、崇高的道德情操以及优良的道德品质是培养学生创造力的重要因素。教师人格素质既是教育要求，又是教育手段，制约并引导学生人格向时代与社会要求的方向转变。就师生交往而言，人格健康、灵魂高尚以及具有创新能力的教师，能让学生有上学的激情、学习的乐趣，同时也会体会到尊重，从而实现内心的满足。易形成安全、快乐、尊重、博爱等方面的积极情绪，同时也可以逐渐形成朝气蓬勃、活泼乐观、自尊自信、探究创造等优秀人格的特征。相反地，如果教师缺乏良好的人格素质，对学生缺少爱与责任，会让学生不时感到淡漠、苛刻，甚至会感受到歧视与不公，很容易让学生经历自满、寂寞、忧虑、害怕等消极情绪，同时也可能逐渐使学生形成了沉默、自私、懦弱、不善交际等恶劣人格品质。

教师所具有的创造性个性，既有利于教师自身创造力的发挥，也直接关系到学生创造力的培养。教师只有具备了良好的创造精神和创新能力，才能更好地完成教学任务，使教育事业兴旺发达。创造型教师具有自己独特的个性特征，比一般教师更有利于发展学生的创造性人格。

教师所特有的创造性人格特征，对于教师创造性劳动来说，相当重要，就目前我国教师教育改革而言，高校要十分关注一些行之有效的举措，推动教师创造性人格特征的培养与形成。例如，在加强高等师范院校教育教学改革中，鼓励综合性大学发展师资，增强教师自身乃至整个教师队伍的学术性、创造性；针对教师的教育要高度重视非智力因素，以及利用社会主义核心价值观对教师进行教育和塑造，让其拥有崇高的道德情操等。整合以上对教师创造性人格特征探讨，结合我国高等教育当前实施的素质教育和创新应用教育对创造应用型教师的要求，在教师教育改革工作和教师的创造应用性人格特征的训练养成方面，必须强调下面几点：

（一）要培养教师远大的理想

从某种意义上来讲，理想是进行创造活动最主要、最基本的非智力因素，它对教师的成长发展具有十分重要的作用。教师只有确立为社会主义现代化教育事业献身的崇高理想、坚定信仰，才能对人民教育事业有强烈的事业心与责任感，才能产生强大的精神力量，探究生命创造价值，在创造目标中聚集其才智与能量。因此，理想与信念在教师的创造活动中处于"永动机"地位。

（二）要塑造教师高尚的品德

人民教育家陶行知先生以"捧着一颗心来，不带半根草去"[①]的高风亮节，在人们的心灵深处铸起了一座丰碑。作为创造型的教师，要能安贫乐教，超然功利，一定要忍受孤独，经受住挫折，把全部心血都用在创造性教育教学实践活动上。

（三）要培养教师真诚的爱心

没有真诚的爱心，便没有真正意义上的教育。因此，教师必须热爱学生，用爱心去感化他们。一位连学生都不喜欢的教师，必定不能成为创造型教师。教师在教学活动中要真心实意地爱护学生，以学生为友，尊重他们，关怀他们，相信他们，重视维护学生自尊心、自信心。从而在学生人格塑造与塑造过程中，扮演好教师角色，共同营造轻松、民主、平等的氛围以及和谐的精神环境。

（四）要培养教师充满自信的独立性

创造应用性教育教学活动，不仅与教师独立思考密不可分，同时也受教师自主意识的影响。离开了独立性便谈不上个性的发展，也谈不上教育的创新。教师只有拥有创新的个性倾向性，才会有创新意识和行为。这一独立性固然是以教育教学规律为依据的，也只有这样才能称之为完全的独立性。我们要培养出富有个性的学生，必须先培养富有个性的教师，让他们信心百倍，不迷信定式、不屈服

---

① 沙晓付.捧着一颗心来 不带半根草去——对新时代师德建设的理解［J］.贵州教育，2010（10）：21-22.

于权威，有其意志与自主行动倾向。实践表明：独立性较强的教师，抱负水准较高，具有较强的适应能力、革新开拓精神和创新意识。

（五）要培养教师持久的好奇心

好奇心愈强，创造性就愈强。心理学研究证明，学生求知的好奇心是依靠教师培养起来的，学生创造性随着教师好奇心的增强而增强。教师如果想要培养学生对科学与创新的好奇心，势必要使自身具有很强的好奇心。好奇心能使大脑保持兴奋状态，有利于思维的发展。好奇心是探索的动力和进取的动力，也是对未知世界，对未来世界的挑战精神。好奇心是一个人创造性活动的内驱力。

（六）要锻炼教师坚强的意志

创新型教师要有顽强的毅力、不屈不挠的意志品质。那么如何培养这种品格呢？在许多学者看来，人类创造力、竞争力、工作效率的高低，往往直接受人的性格的影响。成功人士多具有坚强意志和满腔热忱，征服欲与进取心很强。

（七）要培养教师创造的激情

我们的创作，离开了热情就无从谈起。教师应爱教、爱生，喜欢自己所教的科目，富有创造热情。

二、应用型教师要能够开展创造应用型教育教学

应用型教师除了应具有创造性的人格，也一定要做一个能从事创造性教育和教学的教师，教学是教师的首要任务，是教师培养人才、服务社会、服务国家、实现其价值的根本方法，更是必经之路。教师从事教育教学，需要他们在知识世界发展和变革中更新教育思想观念，调整知识结构，培养自身的创造性，同时开展创造性的教育教学，为国家、为社会培养所需要的创造性人才。

在教学过程中如何培养学生创新能力是我们每一位教育工作者应该认真思考的问题。综合中外理论与实际工作者研究与实践，如果想要顺利地开展创造性的教育教学活动，应用型教师还要具备以下素质要求：

（一）应用型教师要树立正确教育观

应用型教师应该是一个教育专家。在教学方法上要灵活多样，善于激发学习兴趣。必须树立正确的教育观，能够理解学生并把握其心理。这些是教师开展创造性教学的前提与基础。

观念是行动之魂。教育观念在教育教学中起着引导、统率的作用。新形势向广大教师和学生提出了更多的要求。作为一名应用型教师，要确立与创造性教育教学相适应的现代理念。从教师视角来看，它的核心思想就是：教师既是传授知识者，更是学生的学习、创造指导者，以及学生学习的帮助者和促进者；教师不只是传统意义上的教育工作者，同时也是新型教学关系的学习者、研究者和创造者。在确立符合这一理念的多种现代教育教学观念时，它的前提与首要问题就是要树立正确的学生观。教师应该尊重学生人格，应该理解，教师与学生二者在人格上是平等的。人类语言智能、数学的逻辑智能、空间智能、音乐智能、身体运动智能、人际关系智能、自我认识智能这七大智能是一样的，它们对人具有同等重要的作用。七种智能均为"生命的心理潜能"，均应得到发展。在《美国教育学基础》一书中，曾经指出："能够被认为具有创造性的学生常常被他们的教师看作是不努力、无进取心、不能令人满意的学生。"[①] 而有些所谓"调皮""淘气"的同学，其实素质也不错，并倾向于具有高度创造潜能。这样的学生往往精神饱满，喜欢动手实践，喜欢搅局，若将其能量引导至学习，让他们有机会利用、施展自己的创造才能，他们也能成功。

教师应面向全体学生，面对学生的每一个侧面。每一位学生都具有一定的创造性，均具有特有的创造性人格特征。教师在教学过程中，应特别关注有独特创造性人格学生的行为和学习特点，促使全体同学勤奋不懈、坚韧不拔，探寻未知领域。

（二）应用型教师要具备良好的智能结构

为了能够胜任应用性的教育教学工作，教师必须是有较好的知识、智力和能力结构，使自己成为一个创新人才。其中，培养本科层次应用型创新人才的教师，

---

① 奥恩斯坦．美国教育学基础［M］．北京：人民教育出版社，1984.

有相当一部分自身也应是应用型创新人才，也应该具备本书前述的应用型创新人才的核心素质和智能结构。关于创造型教师的智能结构，下面强调两个方面：

一是要有多元、合理的知识结构。教师应具有动态性的知识结构，并按要求不断地补充、充实、重新组合原有知识结构。在熟练掌握所传授专业知识的基础上，还必须具有广泛的文化科学知识，包括现代教育理论、创造力原理与方法、科学方法论等，教师也应掌握计算机及其他现代教学技术与方法的运用，形成又"博"又"专"知识结构。这一复合型知识结构，能够为创新教育的实施打下扎实的知识基础。

二是应用型创造性教学能力，这个能力也是应用型教师特有的能力之一。它是一种不同于教育之外的创造性劳动，又不同于普通教师的能力要求。如果教师创造性教学能力欠缺，想要进行创造性的教学就是一句空话。教师创造性教学能力，主要表现在善于制定创造性教学目标，分析掌握重组教材，采用创造性的教学原则与方法创造性地组织教学，为创造性教学创造氛围、创设情境。与此同时，创造性教学能力也应特别强调，教师在教学实践中应该是一个反思者，一定要有正确的系统反思教学的能力与意识，在反思中总结经验，提高教学质量。创造型教师要能运用科研的观点，来审视教育教学过程中碰到的种种问题，并且不断地探索解决上述问题的思路与办法，力图从探索性实践中发现和创造。

（三）应用型教师要有自身的教学艺术

教学是门艺术，教学过程不是简单地照本宣科，而是结合学生情况的一种再创造，是一种艰苦的创造性劳动。应用型教师在教学艺术上更是很有讲究且出色的。应用创造性教学，是一种富有策略、富有艺术且不同于普通教学的教学策略，不同方法、技巧的运用，可以使同一教学内容产生不一样的教学效果。创造型教师可以使教学活动开展得生动、形象、有趣、有成效。

应用创造型教师也要有创造性管理艺术。创造型教师管理有两大内容：第一，班级管理；第二，针对全班每一位学生进行个别指导。创造型教师管理艺术，表现为对学生创造性表现的激励与提升，营造良好班级风尚，建立师生关系、同伴关系，让每一位学生都能最大限度地发挥其创造潜能。

如何衡量创造应用型教师的教学艺术水平呢？按照"实践是检验真理的唯一标准"，主要应考察他的教学效果。应用型本科高校教师的教学最终要落实到学生的学习水平和身体心理的发展，尤其是实践应用能力和创造性的培养上。良好的教学效果，一般应体现出以下四个方面的内容，换句话说，教师要提高自身的教学艺术水平，使学生富有较高的创造性，应在以下四个方面作出不懈努力：

1. 应使学生精神振奋

儿童学习任何事情的最合适的时机是当他们兴致高、心里想做的时候，这是教学的最佳状态，大学生也不例外。这就要求教师能达到用自身才华和教学艺术唤起学生的兴趣这一境界。譬如，为了教好课，让课堂更生动、更吸引学生一些，教师要充分研究教学内容，理论联系实际，提高教学的科研内涵和信息量，同时掌握语言艺术，增强语言的表现力，速度要快慢适当，音调要抑扬顿挫，教师的语言要力求准确、简洁、清晰、生动、通俗，通过语言创造出生动的形象，使得形象和抽象相结合，达到深入浅出、吸引学生的效果。

2. 应使学生思维活跃

教学主体（学生）的活动以思维为主。学生的思维是以认识对象为自己实践的出发点而进行的一种能动的探索过程。学生这种精神上的振奋，是为了思维活动做准备的。此外，积极的思维活动可以使激动的精神状态持续下去。学生思维活动积极，才能获得知识技能，才能开发智力能力，从而培养其应用性、创造性，才能学好知识。因此，在课堂教学中要培养学生的思维能力，必须从激发学习兴趣入手。如果学生在学习中缺乏积极的思维，那么课堂教学则无法取得理想的教学效果。

3. 应使学生学有所得

心理学研究表明，效果能激发兴趣。为了使学生的学习兴趣及早稳定并不断强化，可使学生看到自己"学会"后的成绩、取得的进步，从而体验成功的快乐，增强信心，激发学习兴趣。相反，"总也摘不到的桃子"会使学生失望乃至沮丧，最终丧失"学会"的信心。所以在教学的过程当中，如果学生的知识基础比较薄弱，与其按照预定教学计划赶进度，不顾及学生实际，莫不如放慢速度，逐渐提升学生的知识基础。前者是"欲速则不达"，后者是"退一步进两步"，这两个教学策略的教学结果十分清晰。就一个问题来说（如解一道数学题），如果课堂中的学生很难解答出来，那么教师不如降低教学难度，分步骤进行解题，从而使学生掌握相应的知识、技能。另外，鼓励创新，包容失败，积小创为大创，也是同样的道理，总之，成功，哪怕是极微小的成功，对学生来说，也是使他们精神振奋和思维活跃的推动力和保持力。

4. 应使学生"会学""会创"

"学会"会使学生得到激励鼓舞，而"会学""会创"则会使他们乐在其中，取得更多的主动权。"会学"包括自学的能力与良好的学习习惯的养成两方面。"会创"主要指会应用、会实践、会创新，甚至会创业。这就要求教师在教育教学过程中授学生以"鱼"的同时，更要注意授之以"渔"，引导学生学会学习、学会实践、学会创新、学会创业。此外，高校教师还应特别增强以下意识，即在引导学生"学会""会创"的过程中，注意弘扬和培育"敢拼会赢""爱拼敢赢"的精神。

上述四方面中，有智力因素的活动，也有非智力因素的活动。这两种因素都调动起来才能保证学生的学习成效。通过以上阐述，我们明确了创造型教师的特质和素质能力以及创造性教育教学对创造型教师的要求，有利于为我们引进培养和管理考核创造型教师，包括向应用型创造型教师提供指导方向和衡量标准。

第五章　高校应用型人才培养实践教学改革

　　本章的主要内容是高校应用型人才培养实践教学改革，主要从四个方面进行了论述，分别是高校应用型人才培养实践教学课程改革、高校应用型人才培养实践教学德育改革、高校应用型人才培养实践教学模式改革、高校应用型人才培养实践教学管理和质量保障体系改革。

第一节　高校应用型人才培养实践教学课程改革

高校应用型创新人才培养的课程改革必须以解决课程存在的突出问题为导向，进而提高课程设置、课程结构和课程内容的科学性、可行性与适应性，使之有利于培养高校应用型创新人才，有利于适应国家、社会和区域产业的需求。

一、课程改革的提出以及对相关实践研究的思考

核心素养实质上是人类在 21 世纪应对不确定性和复杂性环境下的"复杂问题解决行为能力"，在 21 世纪，核心素养是个体一生发展并适应社会发展的至关重要的少数几种"高级行为能力"之一，是 21 世纪人人应具备的少数高层次"做事本领"之一。

通识教育是教育的理念之一，其渊源可追溯至古希腊自由教育。在中世纪后期和文艺复兴时期，随着人文主义思潮的兴起，人文科学开始萌芽并得到发展，这对高等教育产生了重要影响。随着社会和经济发展对人才素质要求越来越高，通识教育能更好地提高大学生的综合能力，是适应新形势人才培养模式的必然选择，所以通识教育在大学中逐渐得到关注。国内在这方面改革实践比较有影响的有：北京大学的元培计划，复旦大学的探究性学习与核心课程，浙江大学的"厚基础、宽口径"的通识教育模式等。[1] 又譬如，中国政法大学校长黄进教授主张"通识教育与专业教育并重"，他认为："大学本科教育无疑是专业教育，但不能缺少通识教育"，"通识教育与专业教育并重是高等教育大众化的客观要求，更是高等教育自身发展的规律"。这些观点都十分精辟而且具有针对性。在这些观点和理念的指导下，中国政法大学强化了通识课程体系建设，打造了"有灵魂"的通识教育课程体系。[2]

---

[1] 中国高等教育学会.改革开放 30 年中国高等教育发展经验专题研究［M］北京：教育科学出版社，2008.

[2] 黄进.世界一流大学建设与一流本科教学的创新——中国政法大学的理念与实践［J］.中国高教研究，2016（6）：11-16.

20 世纪 90 年代以来，国际高等教育领域坚持贯彻"科技教育融入人文教育"的教育理念，提出了解决科技教育的途径，重视培养学生的人文精神，帮助学生提升人文素养。这种理念不仅体现在大学课程改革之中，而且也成为各国高校人才培养模式变革和发展的重要指导思想之一。例如，美国就强调发展学生"与社会环境相适应"，注重基础理论，主张"百科全书式"教育；日本教育界在"博才进取"这一理念上受到了深刻启发，积极倡导综合性"通才教育"，以及实行培养融科技、文学、经贸、外语为一体的"四合一"人才培养计划。

我国高等教育正面临着由传统的学科本位向以人为中心的现代教育观的根本变革。如此大的变化，势必需要发展模式、课程体系与结构随之变化，由文理分家、人文教育与科技教育相分离转向相互交叉、相互渗透、相互融合。学生动手能力和实践能力的培养，对学生素质的全面提高以及知识应用和思维创新至关重要。只有在动手实践中，才能实现创新思维成果的物质化，学生才能切实感受到创新的成果，感受创新带来的快乐，进一步启发探究意识。因此，应推进课程体系综合改革，加强实践教学，提高学生动手能力，提高其发现问题和解决问题的能力。在这方面，国内有些高校也实施了相关改革。有的学校将课程改革"小型化""模块化""个性化"。这些改革实践所蕴含的好思想、好做法值得我们学习借鉴。

在促进理论与实践结合，提高学生动手实践能力和应用、创新能力方面，提出调整专业课程设置，加强创新创业教育，强化对学生创新创业精神和动手实践能力的培养。建立创新创业课程体系，形成依次递进、有机衔接、科学合理的创新创业教育专门课程群，引进和建设一批创新创业教育在线开放课程；把创新创业实践活动与专业实践教学有效衔接，引导学生通过各种形式进行创新、创业、科研训练；合理设置创新创业学分，完善创新创业学分积累与转换制度，实施弹性学制；加强校外实习实训基地建设，改革非师范类专业毕业分散实习实训制度；加强专（职）业技能培训，落实师范生教师技能训练课程的实施；组织学科专业竞赛活动，鼓励学生参加国家职业资格技能鉴定与认证，加强毕业实习、毕业论文（设计）等实践教学环节的指导和管理，提高实践教学比重。根据学科类别的不同要求，人文社科类专业实践占总学分（学时）比例不低于 20%，理工艺术类专业实践教学占总学分（学时）比例不低于 25%；列入应用型转型试点的专业实践性教学课时比例不低于总学时的 30%；落实集中实践环节的学分，确保集中实践课程学分占比达到 15% 以上。这些思路与做法对培养学生实践应用能力、创新精神与创新能力有极大的裨益。

在促进人文教育和科学教育相融合方面，如加强文理渗透，优化学分学时占比，加大选修课学分比重，就是一个好做法。学校提出调整专业总学分，四年制本科专业原则上理工科专业最高学分不超过 160 学分，非理工科专业最高学分不超过 155 学分，加大选修课学分比重，要求各专业的专业选修课学分必须达到 25 学分以上，引导学生不断拓宽知识面，促进知识的融会贯通。原则上前 6 学期每学期周时数不高于 25 节，严格要求各专业均衡安排每一学期课程，防止出现某学期学时偏重或偏轻的现象。这个思路与做法，为学生提供更多的自主时间和空间，促进人文教育和科学教育的相融合。

由此我们可以知道，我国高校应用型创新人才培养中的课程教学改革，应始于观念的改变，用科学的课程观统领和指导课程的设计、实施与评价，[①] 首要的是应把以学生发展为本，以创新精神、实践应用能力和创新能力培养为重点，统筹兼顾情感、态度、价值观培养作为课程教学改革发展的基本理念。

二、课程改革实践研究

（一）课程改革的基本情况

我们开展课程改革研究工作，始终围绕上述基本理念和"课程改革是重心，教育科研抓创新"的总体工作思路来进行。《大学生职业发展与就业指导》是面向全体大学生的公共课程和必修课程。本改革以《大学生职业发展与就业指导》课程改革为试点，着眼于应用型创新人才培养，以促进学生就业为导向，以培养学生社会责任感、职业能力和创新精神为主线，基于产教融合、校企合作、工学结合的理念和模式，在学习吸收国内外相关理论的基础上，结合学校实际，制定"大学生职业发展与就业指导课"教学大纲，开设《大学生职业发展与就业指导》课程，并探索以社会需求和就业市场为导向的课程教学改革。

---

① 牟延林.普通本科高校转型进程中课程改革的思考［J］.中国高教研究，2014（9）：84-91.

（二）课程改革的背景与意义

在全面推进经济建设和加快转变经济发展方式的新背景、新形势、新要求下，在当前国际教育交流合作日趋频繁的情况下，高校尤其是应用型本科院校如何培养社会和产业发展所需的应用型创新人才，是近几年经济社会发展对高等教育尤其是应用型本科院校提出的一项重要的任务要求。

党的十七大报告强调要"积极做好高校毕业生就业工作"，[①]党的十八大报告进一步强调"把做好高校毕业生就业工作放在就业的首要位置"[②]。为此国务院2007年就明确提出要"将就业指导课程纳入教学计划"的要求，由此制定《大学生职业发展与就业指导课程教学要求》。

（三）课程改革的依据、目标与思路和做法

1.课程改革的依据

通过对就业形势的分析和社会需求状况的调研，提出了以职业能力培养为核心的课程体系构建方案及实施步骤。以工作过程和行动为导向进行课程开发，与学科体系课程编排及发展相对应，在学科体系中，课程教学注重存储知识与记忆。基于工作过程与行动导向的课程设计理念是以学习者为主体、学习方式为主导，强调通过活动体验获得新知识和技能。而行动体系在教学中的具体表现，就是它的教学以"情境中心"为核心，主要是以"建构优先"为教育哲学，具有三个典型的特点：基于行动、生成和建构意义的"学"，学生主动存在；基于支持、激励和咨询意义的"教"，教师反应存在；基于整体、过程和实践意义的"境"，情境真实存在。

以工作过程为主线，以行动为导向，必须突破原有学科课程体系，按职业资格罗列专业或职位所需的知识点、技能点和工作态度要求，然后基于职业情境与职业能力同一性原理，总结它们的共同点，由此形成专业"岗位群"和"职业群"的技能和能力要求，再对其一一进行解构，根据工作过程导向，序化为多个工作

① 项进，田红芳，张常年，等．全面提高人才培养质量全力推进毕业生就业工作［J］．北京教育（高教版），2008（6）：22-24．

② 张朝兵．深入贯彻党的十八大精神努力推动毕业生实现高质量就业——以安徽机电职业技术学院为例［J］．淮海工学院学报（人文社会科学版），2013，11（14）：134-136．

项目，实现教学内容和企业岗位需求的衔接。工作项目的完成以课程教学为支撑，它要求课程设计面向"工作过程"。

2.课程改革的目标

课程的直接目的就是传授知识与技能，使学生获得思想与能力的发展，[①]而课程教学改革与实践目标是培养高校高素质应用型创新人才，促进学生就业或者创业。具体而言，主要是想促使大学生面向个人和社会、产业行业以及用人单位的实际需求，树立正确的就业观和职业观，理性地规划自身未来的发展，并努力在学习过程中自觉地提高社会责任感、职业生涯管理能力、就业能力、创新创业能力，实现在较高层次和质量上顺利地就业或者创业。

本改革按照行业企业的需求和工作过程的不同任务来实现就业指导课程知识和实践技能的有效整合，是以学生的"学"为中心，使学生在循序渐进学习本课程的过程中成为符合或接近行业企业要求的人才。因此，该教学是建立在职业和企业活动基础之上的，主要突出工作实践或完成工作任务的过程在课程中的主导地位，其教学目标是培养学生成为具有社会责任感、现代职业观和就业观、身心健康的高校高素质应用型创新人才。

3.课程改革的主要思路、做法

（1）主要思路

本项目改革有意识地拓展和借助校企合作的渠道，从职业现状和行业企业的实际出发，以职业需求和工作过程为导向，将课程的重点转移到职业和行业企业的实际需求上，使课程教学更加贴近工作实际，使人才培养更加适应经济社会发展的需要，努力形成人才培养和招生、就业之间良性互动的长效机制。

通过对产业集群和部分校企合作的联办企业进行调研，采用访谈、记录、收集和整理有关工作资料等多种方法，分析学生的专业定位和就业岗位，从而确定具体岗位或职业的典型工作任务并归纳出行动领域，提炼出学习情境，实施创造性教学采取"请进来，走出去"等诸多开放的合作方式和教学方式，进而促进人才培养方案、教学大纲的制定完善和《大学生职业发展与就业指导》教材的编写出版以及教学改革成果的推广应用。

---

① 牟延林.普通本科高校转型进程中课程改革的思考［J］.中国高教研究，2014（9）：84—91.

（2）主要做法

为使课程载体更加多样化、丰富，我们对传统的大学生就业指导课程从教学目标定位到教学方法的实施等各个教学环节进行全面的改革，具体做法如下：

第一，依据职业和行业标准进行课程的开发和建设，确定本课程的教学目标，选取教学内容。先以《大学生职业发展与就业指导课程教学要求》为依据，结合职业和行业企业的实际情况和求职就业所需的知识、能力和非智力因素，重新修订完善《大学生职业发展与就业指导》教学大纲。教学大纲紧扣国家，尤其是经济社会发展的应用型创新人才培养的要求，本课程教学旨在对学生进行职业发展规划和就业创业方面的指导。帮助学生了解上到国家，下到地方的就业形势、就业创业政策，根据自身的条件、特点、职业目标、职业方向、社会需求等情况，选择适当的职业进行就业或者开展创业。特别是通过系统讲授、实例分析、课堂讨论以及现场实际情景的考察学习，指导大学生更新观念，转变思想，运用所学知识积极调整自己的求职择业心理，较为系统地了解和掌握职业生涯规划的基本知识、基本方法和基本技能，在进行各方面分析的基础上，更加科学和理性地进行职业规划、职业选择以及作出就业或者创业决定。课程基本理念就是以促进学生科学规划职业发展和就业创业为导向，在课程教学内容的取舍和内容排序上遵循职业性原则，围绕高素质应用型创新人才培养目标组织教学内容、教学方式、教学手段；采用理论与实践相结合的方式设计教学内容，通过知识讲授、案例分析课堂训练、课后调查、情景教学、现场教学、活动比赛等项目来组织教学；以行动导向、问题导向和创造性教学目标导向相结合的教学模式进行课程实施；以实际工作中典型工作任务为载体，按照完整的工作过程组织学习过程，将学习过程、工作过程与学生的能力和个性发展联系起来。课程考核遵循过程性评价和终结性评价相结合的原则。进一步强化课程与职业核心技能的对接，将行业的职业标准及职业岗位所需的关键职业能力培养融入课程教学内容之中。实现课程模块与岗位能力的一致性，教学内容与职业实际、生产实际的一致性，课程训练与企业工作的一致性，实现课程、教学内容与就业求职的实际情况同步。

第二，开展基于真实情景和行动导向的教学方式，以任务驱动为主，综合运用多种教学方法。

首先，在修订的教学大纲中提出课程教学的基本要求。《大学生职业发展与就业指导》课是一门实践性很强的公共基础课，在教学中应该遵循几个必要的原则要求，采用多种教学方式手段确保教学的效果。

①坚持理论与实践相结合、知识与应用相统一的原则。在学术上吸收不同流派、不同理论、不同观点，相互渗透，互为补充，不断改进和完善教学的内容；在实践应用上指导学生结合理论知识的学习积极实践，大胆应用，应有机地引入和利用社会资源，邀请企业管理人员开设讲座，利用校内外实训实践基地和合作企业，让学生直接参与实景体验和现场教学，获取感性认识，引导学生树立正确的就业与创业观念。

②坚持思想性、科学性、学术性、实用性相结合的原则。精心选择教学内容和参考教材；在教学中循序渐进地对大学生进行职业心理、职业发展规划、就业、创业的理论教育和引导，注意及时更新教学内容和改进教学方法。

③坚持"因材施教、因人制宜"的原则。"弹性课程，差异发展。"[1] 根据学生的不同情况和特点，选择不同的教学手段，进行有针对性和目的性的教学活动。

④坚持"学以致用"的原则。在教学中，既重视对学生进行基本理论知识的传授，又要重视培养学生健康积极的职业心理；既要注意调动学生的学习积极性，又要注意培养学生掌握参与学习的方法；既要注重课堂教学的内容与效果，又要注意学生课后的复习与实践。

⑤坚持课堂教学与平时积累相结合的原则。尽可能使课堂教学与日常生活相结合，教育学生在平时多注意对个人和他人职业心理活动及其特点的观察与分析、探索与研究，不断提高自己的学习效率。

⑥坚持寓教于学、教书育人、全面发展的原则。教学中充分发挥教师的主导作用，努力调动学生的主观能动性，坚持寓教于学、教书育人、全面发展的原则，在课堂教学中，注意培养学生心智活动的健康发展，培养学生高尚的道德情操和正确的世界观、人生观、价值观和择业观、就业观、创业观。

其次，在教学大纲中提出教学方法的原则性建议：采取集体授课与课堂讨论、现场教学相结合的教学形式进行，在集体授课和理论讲授教学中，通过进行系统

① 牟延林.普通本科高校转型进程中课程改革的思考［J］.中国高教研究，2014（9）：84-91.

和通俗易懂的理论讲解，使学生能够掌握本课程的基本理论、观点和基本方法、技能；通过课堂讨论，增强学生的自觉学习意识和主动参与意识，培养学生独立思考、创新思维和个性化学习的本领；通过现场情境教学和大量的实际事例教学，深化学生对基本理论、基本知识的消化与吸收，并因人制宜地给予必要的指导和帮助；通过作业等形式培养学生运用所学知识观察问题、分析问题和解决问题的能力。

遵循教学大纲的要求，在实际课程教学中，采用全方位立体式创造性教学模式，以任务为驱动，激发学生自主学习的热情。开展"请进来，走出去"教学，大力促进学生就业选择合作企业、校内建立的实训基地以及各类校网招聘会作为重要的课程载体，加强课程实践环节与社会参与的探索，增强教学的针对性和实用性。

现阶段的教学应着眼于培养学生的社会责任感，提高学生的职业素质和实践能力、创新能力，适应应用型本科教育的要求，积极探索基于真实情景和行动导向的课程开发。在教学中尽量运用情景教学，采用以学生为主体，充分调动学生学习积极性和有利于提高学生创新精神和实践能力的教学方法。在教学中，大量采用了基于行动导向的任务驱动教学法，"教、学、做"相结合，将理论实践融为一体。开展基于真实情景和行动导向的教学方式以来，学生在校外实习实训基地的表现，得到了校外合作企业的充分肯定。同时，充分利用多媒体教学手段，提高教学质量和效果。建立网络教学综合平台，推进信息化课程建设，任课教师根据教学需要使用电子邮件、QQ、微信等现代通信技术手段与学生进行互动交流，开展课后辅导、作业指导。

第三，依据职业行业标准和课程标准开展师资队伍建设。高水平的教师才能培养出高水平的学生。教师的职业素养和职业能力，直接关系到人才的培养质量。教师不仅要精通专业理论知识，更要有较高超的职业技能，即成为"双师型"教师或者"双师双能型"教师。尽管这些年对"双师双能型"教师队伍建设颇为重视，但截至目前占比还是偏低，还需要下大力气解决。基于职业和行业标准进行"双师型"或者"双师双能型"队伍建设，是新建地方本科高校加强师资队伍建设的必经途径，有利于师资队伍整体水平的提高，有利于满足高素质应用型创新人才培养的需求。多年来，在学校的支持下，就业指导课教师通过下企业实践、开展对企业的技术服务和参加培训来不断提高自身的职业素质。教师既能讲理论，又能动手实践，形成了满足应用型创新人才培养和现代职业教育要求的课程教学团队。

第四，依据职业行业标准和课程标准开展教学质量保障体系建设。随着教学改革的不断深入，教学模式和课程模式的不断改变，要以"培养学生核心职业能力和实践能力、创新精神"这一现代质量观为基础，依据职业和行业标准，引入企业参与，在课程层面和专业层面上建立健全人才培养质量标准，建成"开放的、量化的、全方位的、全过程的"的教学质量评价和监控体系，完善质量管理制度和管理机制。

第五，校企合作开发建设课程教学资源。组织编写和出版具有较强时代性、针对性、实用性又符合学生特点和需求的校本大学生就业指导教材。在产教融合校企合作的背景下，校企合作开发课程教学资源，高校可以吸纳企业意见，组织编写出版就业指导教材。

积极申报校级以上教研教改课题，通过研究促进课程建设。项目团队加强课题和教改项目申报工作，通过课题申报获得经费和政策的支持，提高课程教学改革的积极性。课题研究成果通过实际授课、公开发表论文等形式，促进了课程开发理论、课程设计、教学方法和教学手段的运用等各个教学环节的全面提高，丰富了课程资源。

（四）课程改革的两大突出特点

1. 从实际出发，实现四个方面的创新

（1）课程开发理论创新

以职业需求和工作过程为导向探索了职业和行业标准在教材建设、师资培养、技能训练、课程资源建设、教学质量等方面的指导作用，并取得了比较满意的效果，学生受益较大。

（2）教学方法手段和模式机制创新

贯彻体现创造性教学思想，采用多元化、立体化教学模式；产教融合、校企合作、工学结合;"请进来,走出去";以任务为驱动,"教""学""做"一体。

（3）课程建设方式创新

确定了课程精品化的改革方向,按照省级精品课程建设的标准加大课程建设力度,促进就业指导课整体教学水平的全面提升。

（4）课程形式创新

产教融合、校企合作、工学结合以及公办民办高校结对子的形式创新——校企合作进行课程开发,并将合作方聘请为兼职就业指导课教师,他们的意见也被吸纳到本校就业指导课教材的编写出版之中。校企共同开发课程资源,企业支持学校,项目团队和教师为企业开展技术服务和横向课题研究;公办民办高校结对子,整合资源,共建共享,共同开展课题项目研究和教学改革,并前后在两所学校进行教学改革的研究与实践。

2.改革取得显著成效,推广应用效果较好

几年来,本项目依据职业行业标准、教学大纲,不断深化课程教学改革,积极探索新的创造性的教学方法与手段,课程建设取得了显著成效,获得了良好的教育效益和社会效益,显著地促进了学生就业。

在课程建设的各个方面都取得了较显著的成绩。例如,在课程资源开发利用中,运用现代信息技术,研发出多媒体课件,构建多维的、动态的、积极的、独立的课程培养平台,让学生的主动性、积极性和创造性被充分调动起来;搭建了校企合作平台,充分利用校内外实践实训基地和创业教育基地的资源,满足学生参观实践、考察调研等现场学习训练的需要;组织引导学生利用寒暑假时间开展社会实践、企业调查、就业实习与创业实践活动,满足学生综合职业能力培养的要求。

（五）课程改革研究的展望

实践证明,课程改革研究的这条路是走对了,我们要坚持走下去,并总结经验教训,进一步完善改革创新方案。

在课程改革研究的过程中,我们要加强合作企业的积极性,加强教师和学生对改革的认识,热情和参与度;加强校内外课程教学资源的建设整合;适应应用型创新人才培养的职业发展规划、就业指导、创业指导等相关课程体系的构建以及和中学教育的衔接，还需要统筹规划、合理设置、安排师资等通过进一步加大改革创新、加强宣传推广，千方百计提高主体参与的积极性，积极开展改革的理论研讨以及采取以研促改、以研促教等措施来加以解决。

同时，鉴于课程及其改革研究是如此关键和重要，应该动员、激励和鞭策更多有经验、有水平的教师和研究者来主持及参与课程改革实践与研究，以便在各方面各领域推广形成"百花齐放、百家争鸣"的繁荣景象。一花独放不是春，百花齐放春满园！高校教务管理部门、院系，尤其是更多的专任教师应该按照产业和用人部门的需求以及应用型创新人才培养目标，积极开展专业课、基础课、实践课、选修课等课程教学改革；对各专业的应用型创新人才培养的相关课程体系也应该积极进行改革并使之得到优化；在课程体系改革中，应注意更新教育教学观念，优化教学内容，改进教学方法，落实学生主体地位；应坚持应用和创新导向，构建适应加快建设创新型国家和区域经济社会发展以及新技术发展需要的课程体系；教改成果也应及时固化到人才培养方案和教学实践中。在课程改革中，我们还感到，科技教育与人文教育融合、专业教育与通识教育并重的理念还有待进一步确立，并应该将其切实体现到落实到课程结构、体系上来，直至落实到整个大学校园文化建设上来。在这方面，我们应学习借鉴一些高校的理念和做法，比如，中国政法大学通过强化通识课程体系建设来推行"全人教育"。该校确立了"孕育人文精神、增加科学素养、锤炼公共品质、拓宽知识视野"的通识教育目标，以"核心、主干、一般三层次通识课程均衡选修"为基本模式，打造了"有灵魂"的通识教育课程体系。

以应用和创新为导向，根据行业和企业的实际需要安排课程内容和结构，并且随市场和行业变化及时调整和优化。

同时我们应该注意到，要"精确制导"，精准教学，精准培养，有助于提高应用型创新人才培养的质量。

总的来看，这些思路做法和以往不一样了，它们更加符合课程改革的理论、原则、方法和模式，因此二者的功效也就不可同日而语。改革发展已具备了美好蓝图，接下来就是具体实施和切实落实了，这是真正对接产业对接社会的"最后一公里路"的问题。因此，高校上下都要认真应对，积极谋划，执行实施。

第二节　高校应用型人才培养实践教学德育改革

立德树人是教育的根本任务，也是人才培养的首要工作。同时，道德教育也是创新教育体系的重要组成部分。高校应用型创新人才的核心素质或核心素养中包含的正确态度、价值观和社会责任感的健全人格的培养，都离不开道德教育。道德教育要从创新教育高度谋求改革与发展之路，以期最终利于现代道德素质应用型创新人才的培育。党的十九大报告强调加强思想道德建设以及加强和改进思想政治工作，中共中央、国务院《关于实施中华优秀传统文化传承发展工程的意见》（以下简称《意见》）将立德树人作为根本任务，学校要遵循学生认知规律和教育教学规律，按照一体化、分学段、有序推进的原则，把中华优秀传统文化全方位融入思想道德教育、文化知识教育、艺术体育教育、社会实践教育各环节，贯穿于启蒙教育、职业教育、继续教育各领域。党的十九大的有关精神、《意见》等中有关教育工作的重要论述，是加强和改进新形势下高校思想政治工作的行动指南，也是我们开展应用型创新人才培养的德育工作改革的根本遵循和战略指导。

高校创办了"道德讲堂"；成立了学院学生学习、宣传、普及法制小组，依托青年志愿者协会开展法制宣传日、宣传月系列活动；开展中国梦等社会主义核心价值观主题教育系列活动；举办有关思想政治理论和"两学一做"的知识竞赛、演讲等，这些多样化的教育形式为广大学生所欢迎，因此这些实践活动都收到了显著的教育成效。在改革实践中，我们可以深切感受到德育工作及其改革创新对培养应用型、技能型创新人才的健全人格的紧迫性和重要意义；深切感受到组织做好德育工作，能够为高等学校、院系的改革发展和创新人才培养工作提供正确的导向和强大的思想动力，有利于高等学校、院系贯彻落实教育方针，坚持正确办学方向，培养德、智、体、美、劳全面发展的社会主义建设者和接班人。

从理论与实践相结合的角度，对德育及其内容和模式改革的重要意义，尤其是德育和高校应用型创新人才培养中最基本也是最核心的态度、价值观、社会主义核心价值观及其教育等人格健全方面的内容进行论述。

一、德育改革问题的提出及对相关实践研究的思考

国无德不兴，人无德不立。在现代社会中，高度发达的技术不断向生产力转变，经济水平跃上了一个新的台阶，强化道德教育是当今世界各国共同的战略与选择。近年来，全球兴起道德教育的复兴热潮，它以瞬息万变的现代生活为中心，致力于把青少年培养成合格公民。许多国家都把德育作为学校工作的首要任务。比如英国就注重培养学生的诚信、有责任感的品质和明辨是非的能力；法国建议强化历史教育与公民教育相结合；新加坡建议强化儒家的传统教育等。这些国家都在本国社会发展中注重发挥道德教育的作用并取得了显著成效。我国提出了强化公民道德教育、社会主义核心价值观教育和优秀传统文化教育等。

2013 年 12 月，中央印发《关于培育和践行社会主义核心价值观的意见》，统一部署推动将社会主义核心价值观纳入国民教育体系、融入精神文明创建，入法入规的进程。在 2017 年制定的《中华人民共和国民法总则》中，弘扬社会主义核心价值观成为重要立法宗旨之一，并贯穿通篇。2017 年 10 月 18 日，党的十九大报告强调培育和践行社会主义核心价值观。当然国家从义务教育阶段就开始加强道德、法治和历史教育。2016 年起，国家统编的义务教育道德与法治、语文、历史教材正式投入使用。

在创新人才包括应用型创新人才的健全人格的培养过程中，我们尤其要注重培养学生成为"合格公民"乃至"好公民"。培养合格公民乃至好公民，强化学生的公民教育，是大学思想政治教育或者德育乃至整个大学教育的改革方向之一。

（一）德育改革是本科层次应用型创新人才培养的必然要求

德育即道德教育，主要包括政治教育、思想教育和品德教育。德育既要担负起培养政治思想、道德品质、人格和公民意识的重任，也要担负起提高国家和民族的思想道德水准和民族精神的重任，这是德育的重要使命。脱离使命的教育就是空中楼阁，要以党和国家以及民族为己任，教育和引导广大教师和学生自觉地将个人理想追求融入党和人民、国家和民族的事业中，树立与时代主题同心同德的理想信念，敢于承担起这个时代所赋予我们的历史使命。因此，我们必须以强烈的使命感、责任感和紧迫感，加强青少年学生的道德教育。道德，为人之本，

人若无德，其学问本领愈高，越为非为恶，联合国教科文组织 1999 年 11 月在北京召开的"面向 21 世纪教育"的国际研讨会上，与会者探讨和分析了 21 世纪人类所面临的挑战，将道德、伦理和价值观纳入首位。由此可见，道德教育对培养未来社会所需人才具有重要作用。

对于应用型的创新人才而言，不仅要懂得创新，也要了解创新的原因，前者属于创新技能与能力问题，后者是价值判断问题。在创新型人才培养过程中，二者缺一不可。只有将二者有机地结合起来，才能真正培养出国家、社会需要的创新型人才。从教育角度来讲，创新人才不仅具有知识能力等方面的优势，而且具有一定的道德素质，而要解决好创新人才价值评判问题就必须依靠德育。创新教育的根本目的在于培养创新型人才。创新人才包括应用型创新人才的健康成长，需要给予适当的价值引导。我们应该切实发挥人类创造性潜能，将自己的聪明才智用在对人类、对社会有益的创作中去，不去做一些对于人类和社会毫无意义的事情，更不能做危害社会的事情。从这个层面来讲，教育必须以培养创新型人才为目标，并贯穿于整个教学过程之中。

在 21 世纪，科技伦理问题日益突出，其中心问题在于科学技术进步要为全人类服务，为世界和平服务，为社会发展和前进服务，而不能伤害到人类自身。

国内一些学者认为，创新人才思想观念上的共同之处就是具有多元的价值观、强调自我实现的人生观、民主化的政治观、迫切的危机感，能够应对激烈的竞争，具有豁达的心态，能够灵活处理问题。这种观点从一定意义上讲反映了创新人才独特的人格特征。也就是说，创新人才不能只有单一的价值标准，不应把个人利益及需求的获取作为人生理想，不应把极端权力作为政治追求。

教育部在新修订公布的自 2017 年 9 月 1 日起施行的《普通高等学校学生管理规定》中，强调了大学生的诚信和诚信教育。在培养应用型创新人才过程中，必须坚持正确价值观的引导，以社会主义的思想道德尤其是社会主义核心价值观教育、影响青年大学生，使他们努力做到个人层面上"爱国、敬业、诚信、友善"，培养他们关爱人类、关心自然界、关注未来社会创新发展的品质。在 21 世纪，国际和国内竞争都十分激烈，特别需要培养学生的敢拼会赢、爱拼敢赢和开拓创新精神，后者包括开拓进取精神、求真精神、探索精神、挑战精神冒险精神、负责精神、献身精神等。

德育在培养应用型创新人才中承担着特别重要的任务。培养学生创造性人格品质更是德育一个很重要的任务。创造性人格品质包含人生观、世界观、价值观、兴趣、情感、意志等个性心理品质。心理学和创造性理论研究表明，创造性人格特征是主体创新的内在动力和必备条件。在德育工作中要指导学生加强创新意识，坚定创造志向，有改革创新、不断进取的愿望，塑造坚强的意志。

我们这些年正在深化开展大学生创新创业教育及其人才培养模式改革。因此，创新创业教育及其改革实践必然是培育和践行社会主义核心价值观的重要载体，是大学生思想政治教育的一个新平台。将创新创业教育及其人才培养模式的改革与思想政治教育紧密结合，这既是大学生思想政治教育的时代需求，也是实施创新创业教育、全面提升大学生综合素质、培养应用型创新人才的有力举措。

项目目标主要是以"服务大学生成长成才、培育大学生健全人格"为宗旨，把思想政治教育融入大学生创新创业教育活动的全过程，使得两者相得益彰，促进应用型创新人才培养。其侧重点主要在于：一方面，在创新创业教育和人才培养模式改革中加强思想政治教育，增强学生创新意识、风险意识、团队意识、拼搏意识以及挫折意识；另一方面，在创新创业教育中发挥思想政治教育正向的引导、转化和规范作用，坚定大学生的创新创业态度、理念和价值观。项目内容主要是打造"1234"模式，即1个工作目标（服务大学生成长成才、培育大学生健全人格）+2个工作载体（创新创业教育改革实践、创新创业赛事及其他实践项目）+3个工作重点（创新创业价值认同、将思想政治教育融入创新创业教育和专业教育全过程、充分开发利用各类创新创业资源）+4个工作平台（人文学堂、道德讲堂、创新创业竞赛、专业实践）。

结果表明，我们的改革实践取得了创新创业教育与思想政治教育的"双促进，共发展"。主要体现在：创新创业教育及人才培养模式改革为思想政治教育提供了一个重要的实践载体，促进了思想政治教育内容与形式的改革创新；秉承全员育人的理念，发挥了创新创业教育中学校、政府、企业和社会资源的育人作用，形成了全员育人的工作格局；通过思想政治教育，坚定了学生对创新创业的信念和价值观，增强了学生的拼搏意识和创新创业意识；学院和师生，尤其是学生获得了一大批包括竞赛、专利、论文、自主创业等创新创业教育的重要成果；发挥了思想政治教育在促进应用型创新人才培养方面的重要作用；实现了思想政治教育与创新创业教育的协同育人。可见，对不适应新时代要求的德育内容和模式必须进行改革，这是德育改革的需要，更是适应 21 世纪的挑战、培养创新人才包括应用型创新人才的必然要求。

（二）德育改革是面对转型期价值观多元化的必然选择

为提高师生的思想道德素质，打造健全人格，有的高校组织创建了学院"道德讲堂"，作为学院德育的一个重要载体和创新平台。以"带头践行社会主义核心价值观""弘扬道德，学会感恩""铸师德，强师能""职业道德，毕业生走向社会第一课""致青春""全力以赴，诚信备考"等为主题的道德讲堂系列活动先后开展。活动的开展与学习央视播放的社会主义核心价值观"凡人善举"人物事迹，以及努尔古丽、吕榕麟、黄大年、廖俊波等先进事迹相结合。因为精心组织、内容丰富、形式多样、主题突出，每次活动都取得了圆满成功，参与活动的师生心灵受到了涤荡和洗礼。以"弘扬道德，学会感恩"为例，整个活动主要由看短片——《天堂的午餐》、《深山的女教师：努尔古丽》和一组《咱爹咱妈》照片，听讲座——《学会施恩，领悟感恩》泉州市区古街小巷的伦理故事，做承诺——"努力学习，感恩回馈"，唱歌曲——《感恩的心》，送祝福——每个人在卡片上写下自己的美好祝福，并亲手贴在感恩祝福墙上这五个环节组成，活动旨在组织师生集中学习感受施恩和感恩等中华传统美德，激励师生在爱国奉献、回报社会、教书育人的实践中见贤思齐、勇立新功。活动中师生参与积极，气氛良好，在之后的讨论环节中大家都表示获得了教育和启迪。几年来的实践表明，"道德讲堂"是个好平台，若是办得好，办得有特色，非常有利于营造崇德尚善、见贤思齐的良好氛围；有利于提升师生的思想道德觉悟境界和水平；有利于促进师生反思和修养，塑造正确的态度和价值观；有利于焕发全体师生的学习工作热情，提高学院的凝聚力、向心力和创造力，推动学院科学发展、和谐发展。因为在道德讲堂的平台上可以把德育讲得精彩,讲到师生心里去。同时,道德若是光靠讲、靠看、靠议,是绝对要不得的,必须讲学结合、知行合一、重在实践。所以,创办学院道德讲堂的同时,我们非常重视抓住各种有利时机,组织形式各样的道德实践。

二、德育改革之大学生的态度教育改革

正确的态度对大学生的核心素养的形成乃至人格的完善具有十分重要的意义。说到底,其本身也是核心素养和完善人格的重要组成部分。

(一)态度目标的分类

态度目标又可分为两类:一类为横向,即以态度为内容对象;另一类为纵向,也就是态度的程度目标。这两类态度目标都对学生有重要作用,但由于它们之间存在着明显差异,因而不能相互替代。

1.态度的内容目标

态度的内容目标,主要表现为学生对待各种现实社会关系所采取的方式。它是学习行为的重要因素之一。我们认为,确立这一领域的目标,必须以全面素质观为导向,落实现代教育精神。对待现实社会关系的态度主要包括四个方面:第一,怎样处理个人与集体、社会、国家三者之间的关系。这一方面体现了个人对集体、社会与国家的心态。处于整个态度体系的中心,是一种最高境界的心态。主要起统帅和引导的作用。第二,怎么处理事情。主要是指个体在日常生活中所表现出的态度和行为方式。这一方面体现了个人对劳动、对工作、对学习的态度。也就是对人的行为和事物的看法以及由此而产生的相应的行动倾向。第三,怎样对待他人。它和以上处世态度一起,构成了态度体系中更高的一个层次。它受最高层次态度的引导。第四,怎样对待自己。这是一种较低层次的(或最低层次)态度。因为个人必须先正确地对待自己,再正确地对待别人和社会。只有当主体与客体之间建立了某种联系后,才能使自身产生一定的积极作用,否则就会成为消极的东西。另外,过于自卑、无法悦纳自己、嫌弃自己的态度,也是极其不健康的,其危害性甚大。

正是基于上述观点和想法,作者常常被一些先进人物及其事迹,身边的"凡

人善举"体现出的精神和态度所教育和感动。此外，北京大学校长王恩哥一上任，便赠给大学生十句话，即结交"两个朋友"（图书馆，运动场）；培养"两种功夫"（本分，本事）；乐于吃"两样东西"（吃亏，吃苦）；具备"两种力量"（思想的力量，利剑的力量）；追求"两个一致"（兴趣与事业一致，爱情与婚姻一致）；插上"两个翅膀"（理想，毅力）；构建"两个支柱"（科学，人文）；配备两个"保健医生"（运动，乐观）；记住"两个秘诀"（健康的秘诀在早上，成功的秘诀在晚上）；追求"两个极致"（把自身的潜力发挥到极致，把自己的寿命健康延长到极致）。这十句话，为什么能在全校乃至社会上引起热议，为什么有学生将之形容为新的校训，正是因为这十句话生动凝练、深入浅出地表达了王校长作为一个名校领导和资深教育工作者对当代青年大学生的殷切期望，话里所表达和体现的态度和价值非常"接地气"，具有很强的针对性和现实意义，对于青年大学生的成长成才有积极的指导作用。

在日常的教学和德育工作中，高校教师可以组织和引入上述这样一些材料内容和思想观点让学生讨论学习，以教育引导学生，希望能对学生形成新时代的积极的正确的态度和价值观有所裨益和帮助。

2. 态度的程度目标

同一态度，在不同的发展阶段，目标内容是不一样的，这被称为态度的程度目标。众所周知，态度教育是指从一个教育者对其产生期待到受教育者产生正确的价值观为止。如果不了解这个规律，那么对态度教育的认识将是片面的、肤浅的，也很难收到预期效果。态度教育从一开始便具有一定的目的性和针对性，既要培养受教育者对事物或现象有一种积极的认知态度，又要引导他们形成符合社会发展需要的行为态度。价值观是指个人对于自己或他人价值评价的总和。黄希庭在《心理学导论》一书中这样论述："价值观是人们用来区分好坏标准并指导行为的心理倾向系统"[1]。态度是一种复杂的心理反应倾向，较为隐性，不容易掌握。

为了使教育训练和测评更加方便，作者在此选取了"守纪律"这一例子，对态度目标进行分层阐述。

第一层次：顺从教师，懂得遵守纪律，关键词为"顺从"或者"服从"。这

---

[1] 黄希庭，郑涌. 心理学导论 [M]. 北京：人民教育出版社，2015.

一阶段学生的认知水平还很低，他们认为遵守课堂秩序就是一种道德责任。教育者提出了"守纪"的相关要求，在教师威信和集体性压力的作用下，学生会听命于教师，严于律己；可是，当教师不在现场时，学生又会动起来，这种现象叫被动守纪。

第二层次：初步了解，自觉遵守纪律，关键词为"愿意"或者"自愿"。通过教育，学生初步了解遵守纪律是好的行为，反之，则不可取。当所处的场合或者场景需要安静的时候，学生会主动保持沉默。在这种状态下，他们会认为自己遵守了规则和秩序，从而自觉地按一定方式进行行动。

第三层次：对守纪行为体验满意或有趣，这种层次的行为是与满足的情感相伴而生。当教师离开后，学生的心里会产生一种满足感，并由此产生一种愉悦情绪，从而使其更容易接受教师所讲的内容。遵守纪律常常能让他体验到刺激、快乐的感觉，只是偶尔还是会出现不遵守纪律的情况，有可能是因为教师指责，或者遭到同学白眼而郁郁寡欢，于是，学生想从守纪中获得乐趣。学生在守纪方面可算是获得了一种感情上的体验，但是这种水平的经验并不是很强。这说明，学生对"守纪行为"并没有形成一个固定的概念。

第四层次：价值判断、甘于守纪。这个层次信念初现端倪，学生在得到满足感的同时，开始就"守纪"本身进行内在价值的判断。此时，他们常常会结合自己的生活经验，得出相似的结论："没有规矩，不成方圆"，意思是说，学生发自内心地认识到了"守纪"对他们的重要性，由于有这样的理解，学生开始爱上了"守纪"。这个层次会出现积极的情绪，学生开始由之前的"让我遵守纪律"向"我要守纪"过渡。这是一个质的变化过程，这个阶段，学生的认知和情感都处于不断发展之中。

第五层次：喜欢遵守纪律，守纪为乐，"偏好"或者"专注"就是这个层面上的关键词，学生受某种内在动机推动而积极遵守纪律。换言之，学生对于这种价值的信任，已经到了追求和索取的程度，这说明学生的爱好或者兴趣已初步形成。这个层次，学生在守纪行为上有一种强烈的情感体验，守纪在他身上，已经成为强烈的内在需求。此时，他就会把这种需求表现出来并付诸实践，从而形成一种自觉地遵守学校制度和规范的行为模式。

第六层次：兴趣比较稳定，新价值观产生，学生坚信纪律具有内在价值，其行为一以贯之，似乎对于纪律已经到了一种忠诚的地步，守纪律对他来说，是个稳定的爱好，哪怕非常不容易，他也会咬紧牙关克服，以此获得心安和惬意，到这一层次，对于纪律应有的态度已经养成。

上述对态度程度目标做了较详细的论述。这个包括六个层面的系统表明，态度教育实际上是学生将外在价值观念逐渐内化为自身价值观念的教育过程。在内化时，个体认识逐渐全面、深化，意志不断强化并最终成为习惯和信念。情感由无到有、由弱到强，价值观也由自发走向自觉。行为由被动变为主动，价值是从无到有的。所以，经过这六个层次，一个包含着认知、情感、行动倾向三要素的态度便形成了。

（二）态度教育改革的对策

为了解决态度程度目标长期被忽视这一严峻问题，学校教育目前应特别注意以下四项工作：

1. 立足内因，摸清底细

影响态度养成的主要是外部和内部两个方面。外因必不可少，但必须透过内因，方能发生效果。教育对象本身所具有的特点也会对他的行为产生一定的影响，这就使得他们对教育者的要求带有明显的主观色彩，而这种主观情绪又往往受到客观现实的制约。内因就是受教育者按照自己的需要、目标与生活体验来衡量教育者的期望，由此来确定自身行为。同时还要了解学生的心理发展状况，掌握他们思想变化的规律，并以此为依据去制订教育计划和实施管理措施。

2. 发挥外力，多方配合

个体态度的生成和变化并非自发发生，要有外在力量的作用，以便唤起人们的内在认识、情感和行为倾向。不同的外显因素对个体态度转变过程的作用是有差异的。本书通过对个体态度形成过程中内外因素相互作用的分析，探讨了个体态度发生转变的原因及条件。外力主要来自以下三个方面：

（1）学校与教师

学校规范的制约，教学目标的指导，教师期待、权威和人格示范，教师的教育方法，这些都属于主导性外在力量，都具有规范、组织、指挥其他几种力量的任务，学校与教师教育行为是非常重要的。教育的行为乃是教育活动的根本，对行为进行教育，是教育活动的重要指向，教育行为可以感化人、塑造人。教师作为一种职业群体，其职业道德具有鲜明的时代特征，它不仅体现了时代发展对人们提出的新要求，而且也反映着我国社会主义现代化建设进程中出现的新问题。教育以教师为本，必须坚持教育者先育人的原则，实现教书与育人的统一、言传与身教的统一、潜心问道与关注社会的统一、学术自由与学术规范的统一，以德立身、以德立学、以德施教，争做先进思想文化的传播者、党执政坚定的拥护者、学生健康发展的指导者。

（2）社会与家庭

社会风尚、社会其他成员和家长的心态对学生心态的养成都有影响。所以学校应该加强和社会的联系，加强和家庭的交流，指导学生在分析问题时辨别是非，增强认识能力。

（3）其他学生

从众，是人们普遍存在的心理定式。群体内大多数人的普遍心态，会对个人态度的形成与变化有重要影响。通过集体的影响力来推动群体内每个人都能积极地投入学习活动中去，从而达到提高教学效率和质量的目的。故而管理者与教师都应重视集体的作用。当群体内存在一定程度的凝聚力时，就会产生向心力。集体的强弱，决定于学生个体和群体之间的联系。在学校组织中，班级是一个小社会。若个人认同集体越强，那么个人受到团体的影响就越大。所以对于组织纪律性较差的学生来说，能培养他们热爱这个集体，加强他们对于集体规范的接受，由此转变他们对待组织纪律的态度。

3. 加强主体，提高实效

态度的形成是一个个体依据主体经验的需要而形成的、内化为外在要求和理念的过程，个体越主动，欲望越大，那么，内化的速度就越快，成功的可能性越大。如果没有主体性，即使有较高的认知水平也无法实现预期的目的。所以，增强实效的基本渠道之一就是强化主体性。主体性就是以人为中心的意识和行为倾向。强化主体性，要求教育过程应尽量避免强制粗暴和单纯灌输。过去那种"师说生听""教师讲，学生记"的教学方式，已经越来越不能适应当前形势发展的需要。取而代之的是以教师指导、以讨论等利于彼此沟通的形式进行，让学生亲自去把握事实、理解道理、体会情感从而形成观点。这样既可以使学生获得知识和技能，也能培养其独立解决问题的能力。这更利于发挥教师的主导作用，切实强化学生的主体性。在这个基础上再结合一定的情感因素进行分析和处理，就会收到良好的教学效果。根据我国教育实践来看，这几年类似的讨论日益增多，这说明强化主体性作用良好。例如，深圳有一位小学教师，在进行"爱父母"教育时，最初进行了提问，让学生自己调查家长，做到"知父母"。接着，在课堂上鼓励学生介绍父母的事迹，让他们知道"孝"的重要性。以此为基础他还在全班举行了以"夸夸爸爸妈妈"为主题的班会，学生们在"知父母"的基础上，尽情称赞家长。接着，教师布置了一份问卷，请每个人贴上一张父母的照片，并把他们的名字写到上面来，然后再给家长发调查表。随即，教师指导，学生讨论制订"孝敬父母的五条行动要求"。最终调查显示，多数同学都能落到实处，回报父母。这说明在家庭中，孩子对自己的父亲或母亲有强烈的感恩之情，他们认为自己是"孝"的对象。这一事例还清楚地反映出一个新态度的产生过程。在这一过程结束时，认知、情感、意志等价值观得以塑造。通过这一活动，培养了他们对知识的兴趣，增强了他们的自信心。由于整个过程有学生的主动参与，因此，收到良好成效。这种方法在心理学上称之为"双极性活动法"。总之，正如克拉斯沃尔所说："如果要使学习发生具体变化，学习经验必须是双向性的，学生和教师都以某种相互作用的方式参与其中，而不是由一方呈现某些事物让另一方去学。"①

4.有的放矢，培育新价值观

态度来源于知识、情感和行动倾向，是这三者所形成的复合物。在人的行为中，态度起着决定性的作用。平稳的心态就是三个因素相互协调。在人的一生中，态度经历了形成、发展、定型、成熟和巩固阶段。所以态度教育离不开这三个方面的训练和培养。态度教育中存在着新旧两种观念，所谓新观念就是学生的思想

---

① 克拉斯沃尔，布卢姆.教育目标分类学 第2分册 情感领域［M］.施良方，张云高，译.上海：华东师范大学出版社，1989.

状态和行为方式都在变化发展之中。就每一个个体来说，由于差异的存在，所以我们应该有的放矢、因材施教。对于不同类型的学生来说，其特点也不尽相同，所以，在具体实践过程中，必须针对每个学生的具体情况，采取相应的对策，使之形成正确的态度。在态度教育中，必须重视和强化学生对自身所处社会环境、家庭条件等客观因素的正确认识，并以此为依据来制订具体的目标。认识居于基础地位，个体对于对象的理解，影响着其正确心态的养成。在此基础上还要注意强化有关行为和能力方面的教育。只有当认知与情感相互融合时才能促进态度的发展。在态度中，情感处于中心地位，离开了情感，态度是无法养成的。锤炼情感需要教师更多地提供含有情绪成分的素材，使学生学有所获，参与其中，让他能切身感受到真正的情感等。另外，还要学会关爱。这其中既包括"知"也包括"爱"。情感与认知相互作用，相互影响，共同促进。所以，我们在教学中要善于创设情境。态度是人们对自己或他人某种活动所持有的主观看法和评价，它影响着人的行动选择、情绪变化以及人际关系等方面。态度和行为是密切相关的，总的来说，新的心态带来新的作为。如果不经过长期努力，即使有较多的认知改变，也不会发生明显的变化。所以，教育一定要坚持，让那些态度已改变的人们对它有更深的理解，在行为方面渐渐养成习惯。只有这种持久而又鲜明的变化才能成为一种比较稳定的态度。如此，态度中的三种因素就协调起来了，稳定的态度也培养起来了。

三、德育改革之大学生的价值教育改革

育人为本，德育为先，是高校人才培养工作始终要牢记树立的思想观念和遵循、秉承的根本原则和工作指导方针。应用型创新人才培养也不例外。其中，大学生人生观、世界观、价值观的教育，尤其是社会主义核心价值观的教育尤为重要。

我们所处的这个时代是一个新旧道德剧变的社会转型期，社会上出现评价系统双重或多重标准，因此，许多有高度使命感和责任感的教育界工作者强烈呼吁德育的困境，必须改革学校德育，培养大学生健康的人格。在学生人格的培养中，很重要的一个内容就是价值教育。价值教育的内容、形式非常广泛而多样，关键

在于提高针对性和实效性。为此需要从学生的实际和国家、社会的期望和要求出发，不断丰富教育内容，创新教育形式手段提高教育质量效果。以高校和学院组织开展的主题为"弘扬宪法精神，共筑法治中国梦"的法制观教育为例，我们先是创建了"物理与信息工程学院学生学习宣传法律小组"，然后主要依托该小组和青年志愿者协会，在12月4日"国家宪法日"前后开展内容丰富、形式多样的法制宣传教育主题活动，如张贴宣传画，竖立警示牌，观看法制影片，举办法制讲座、法制沙龙、法制知识竞赛、辩论赛，开展主题班团日活动，召开求职法律指导班会，利用学院微博、微信、QQ等网络平台开设法治大讲堂等。这些活动形式新颖，趣味横生，师生积极参与，过程生动活泼，有效推进了法制进班级、进宿舍、进网络、进学堂（人文学堂）、进论坛。师生借此纪念了"国家宪法日"，加深了对宪法、法制和法治价值的认知，增强了宪法意识、法治观念和法治素养，在全院形成了学法、遵法、守法、用法的良好氛围。此教育活动取得了显著效果和良好反响。

（一）价值教育的内涵与目标

价值教育本质上是一种有目的的正确价值观念的塑造。在学校教育中开展价值观教育有着重要的意义和作用。所谓价值观，就是人们对于自己身边事情的是非曲直、善恶和重要性的评估。价值观具有稳定性、相对独立性及主观性特征。价值观往往容易被看作仅属于认识的范畴，其实它通常是充满着情感和意志的。价值观为人自认为正当的行为提供充分的理由，是浸透于整个个性之中支配着人的行为、态度、观念、信念、理想的一种内心尺度。[①]

我们应该做好价值教育，从目标要求来看，要全面贯彻党的教育方针，以推动个体和社会可持续发展为目标，这样才能确保价值教育具有社会主义的方向性、时代性和前瞻性。为此，教师应当把培养具有正确世界观、人生观、价值观以及良好道德品质的人作为自己教学工作的主要目的。从这一方面来说，学生就是被教育对象，应重视他们的行为养成，做到知行合一，指导其实现"四个正确认识"，也就是要正确认识世界与中国的发展趋势、正确认识中国特色与国际比较、正确

---

① 黄希庭，郑涌.心理学导论［M］.北京：人民教育出版社，2015.

认识时代责任与历史使命、正确认识远大抱负和脚踏实地，并且在认识的基础上付诸实际行动。在具体行动上，则应坚持从实际出发，以提高人的素质为根本目的，从而使学校及教育工作者认真实施价值教育。

从操作策略来看，重点强调要从推动学生"学会认知，学会做事，学会共同生活和生存"这个高度来组织落实。同时也要注重对个体的价值引导，使其树立正确的价值观。从教育内容来看，可按价值观延伸，把价值观集中划分为生态观、审美观、道德观、法治观、人生观、世界观、政治观等，自觉组织和开展相关教育。此外，还应该注重对青少年进行社会主义荣辱观及相关知识教育，帮助他们树立正确的人生理想，养成良好的行为习惯。当然，在不同的时期教育的内容要有重点。在具体的教学设计上要注意结合时代发展特点，有针对性地选择恰当的教学内容。鉴于我国青年学生思想道德现实和国外价值（人格）教育现实，道德教育在国际上呈现复兴之势，主要问题是怎样将青少年培养成合格公民。这就要求我们必须重视当代大学生的德育和思想教育工作，特别是要加强对他们的社会责任感和使命感的培养。现阶段，学校应特别重视学生社会道德价值教育和公民教育。这就要求我们必须加强社会主义核心价值体系建设，把培育和践行社会主义核心价值观融入国民教育的全过程。中共中央将"爱国守法、明礼诚信、团结友善、勤俭自强、敬业奉献"20字作为基本道德规范，这是每个公民都应遵循的基本行为准则。因此，加强当代大学生社会主义核心价值观教育具有重要意义。广大教育工作者应精心组织好社会主义核心价值观教育。把社会主义核心价值体系融入日常教学工作中，贯穿于教学活动全过程。社会主义核心价值观提出了关于国家、社会、个人三个维度的核心价值诉求，特别是个人层面的"爱国、敬业、诚信、友善"，应与学生学习相结合，与科研相结合，与人际关系相结合。通过对学校、家庭、社区三个方面进行全方位渗透，使之形成合力，共同推动学生良好品德和文明行为的养成。提出强化教育的要求，做到事有规、行有范。学校应该通过课程设置、校园文化建设以及教师自身修养来培养和提升学生的道德素养。另外，在进行价值教育以及社会主义核心价值观教育的过程当中，发挥中华优秀传统文化教育功能势在必行，重视文化熏陶，强调实践养成，将思想理念、价值标准、审美风范内化为学生的精神追求与行为习惯。

就价值教育阶段性目标构建而言，人们往往把它看得过于简单，甚至持有错误的观点，认为只要达到了阶段性目标就可以高枕无忧了。但是，这一问题在实际工作中是非常重要的。如果我们能从历史发展和现实条件出发，把握好阶段划分的标准，就可以把阶段性目标建设得更加科学。要想实现阶段性目标任务，那么，理解一种价值观是很有必要的，再针对其形成所呈现的阶段性和连续性特征，制订阶段性目标。教育实践和理论研究都证明，一种价值观生成的阶段性和连续性特征，主要表现为学生由浅到深地理解该价值对象，从片面走向全面；感情从无到有，由弱到强；行为由被动变为主动，由不安定走向安定；意志从以自我为中心向以他人为中心转变等。最后，认知价值对象和情感行为实现协调统一，标志着价值观的形成。在实际工作中，我们发现，一些学校提出的价值教育是按照认知教育、情感教育和行为教育三个层次的目标来运作的。这三个层次的内容各有侧重。这一目标的提出具有一定的合理性，但却将认知、情感、行为三者完全割裂开来，与价值教育现实不相适应。只有将其统一起来，才能使学生对事物产生正确而全面的认识和评价。为此，将价值教育的目标简单划分为三个层面，不利于教师对价值教育实质和具体演进过程的正确把握，并且不便于操作和测试。怎样确立价值教育的阶段目标？阶段性目标首先应满足如下特点：主体性——以学生为价值取向的主体，自主选择，主动培养；客观性——目的应实事求是，顺应学生年龄特点和教育规律；实践性——内容丰富而具体，方法多样；多元性和综合性——知识、情感、意义、行为是有机统一的，在不同的阶段各有侧重。这些都是德育评价所必须具备的基本特征。如果符合这几方面的性质，那么，目标不仅具有客观性，还具有可行性，是一个理性的目标。根据这一观点，本书认为，纵向上阶段性目标应该包括以下层面，以"助人为乐"的道德价值教育为例，由低到高的顺序为：服从老师、懂得帮助别人；初步了解并主动帮助他人；判断"助人"的内在价值，助人为乐；喜欢帮助别人，以助人为乐；爱好或者兴趣比较稳定，新价值观形成。最重要的是自我肯定与追求成功的动力和愿望。这一层次的核心任务就是培养和强化学生对社会生活的认识能力和参与意识，从而使他们能自觉地选择自己所感兴趣的职业并为之奋斗终身。

（二）价值教育的策略与途径

1.价值教育的策略

策略是为了达到目标而存在的。就价值教育策略选择而言，除强调上述教育"四个支柱"，精选现行教育内容，还应当特别关注以下问题：

（1）要处理好自主性与导向性的关系

价值教育要坚持生本教育，注重学生主体性，发挥学生的主观能动性，发展学生个性。学生是学习的主人，也是教学活动的中心。但是学生成长需要指导，教师要对学生的价值判断有正确的指导，发挥学生主动性，提高学生自我教育的自觉性。如果只注重教师的导向性，忽略了学生的自主性，则易出现强制性，影响学生的独立性，对学生的情感教育不易落实。如果只重视学生的自主性，忽略了教师的导向性，则易造成放任自流，致使有害信息及消极因素影响学生尚不成熟的人生观、价值观。

（2）教育要更多地运用恰当有效的方法

在新媒体时代下如何开展大学生价值观教育成为一个重要课题。应该采取怎样的方式，需要考虑价值教育的目的是培养青年的价值判断能力，以健全人格为最终目标；要兼顾学生的年龄特点；兼顾不同学生之间的差异教育的规律和价值的多元内涵。因此，要选择适合自己学校实际情况的行之有效的价值教育的方式。下面一些方法对价值教育会更有成效：

①价值澄清法。价值澄清法是指根据教师的指导，学生认识到自己拥有的价值观，学会在积极与消极之间平衡，学会思考作出不同价值选择的意义。这种方法是一种比较有效的教育教学手段，它能让学生认识到什么是正确和重要的价值观。这一方法是为了协助学生进行学习评价，由此选择更有意义、更能满足社会要求的价值或目标。价值澄清法也可以被用于学校管理实践之中。采用此法，在实践中，应配合运用较为具体的方法和策略，如咨询、说理、"模拟法庭"等方法。

②追踪教育法。追踪教育法，是指有目的地选取若干类学生实施追踪教育的方法。这种方法能有效帮助学生树立正确的人生观和世界观。追踪教育以培养青年学生对人生、事业及社会变革等方面的正确看法为目标。追踪教育旨在改变一

些青年学生消极、错误、陈旧的价值观，探寻一般青年价值观的变迁与发展轨迹，总结价值教育的规律，广泛运用指导实践。

③怡情养性法。怡情养性法就是要创造出优美的教育环境，以此来陶冶和感染学生，使学生怡情养性。它要求教师要在课堂教学中注重营造良好的育人氛围，激发学习兴趣，陶冶高尚情操。例如，根据学生生活的教室环境，可创办黑板报、学生园地、悬挂标语条幅、设置书报架，这些布置要显示健康崇高的思想情趣与美感情趣。

④实践教育法。实践教育法意味着价值教育应突出青年学生的主体实践，在实践中增进他们的理解，升华他们的感情，让他们养成良好的行为习惯，如组织学生参与志愿服务活动、为人民服务活动、公益活动等，这样有利于培养他们热爱劳动人民的情感以及助人为乐的价值观等。

另外，还有正面灌输法、学科渗透法等，这些也都是重要手段。在思想政治理论课教学过程中，应根据教学内容和对象采用不同方法进行渗透教育。就价值教育而言，仅仅用一种方法往往很难见效，要根据具体情况，综合运用多种手段扬长避短，从而起到方法组合效应。例如，对于中华优秀传统文化的教育，中共中央、国务院《关于实施中华优秀传统文化传承发展工程的意见》中强调注重文化熏陶和实践养成，实际上就是上述怡情养性法和实践教育法等的综合运用。

（3）教育要着重培养学生的创造价值观与创造能力

党的十九大报告强调广大青年要坚定理想信念，志存高远，脚踏实地，勇做时代的弄潮儿。对于青年学生而言，这里很重要的是应树立正确的创造价值观。所谓创造价值观就是一种能够激发人的创造性思维和创造力，并为实现一定目的服务的价值追求或价值观念。青年学生的创造价值观在他们的创造精神中占有举足轻重的地位。创造价值观就是他们在认识世界和改造世界时，所表现出来的一种价值取向或思维方式进入 21 世纪，社会高速发展，未来社会生活中并不存在现成的规律。面对瞬息万变的世界，我们必须有创新意识、开拓能力、开拓性思维和创造性人格。人们不能消极地适应社会生活，而应积极主动地去创造社会生活。这就要求我们培养学生的创造精神和实践能力。我国青少年具备创造理念和创新素质是非常重要的，有助于推动我们民族加速向前发展。

2. 价值教育的途径

通常，价值观并非完全由教师传授，而是依靠教师的指导，让学生自主地去想、去选、去做，在不断理解的基础上逐步形成。价值教育有多种方式，根据现阶段学校的现状，主要应从以下几个方面加强工作：

（1）抓学科建设，教书育人

确保人文学科地位平等，发挥人文学科的价值教育作用，这是当前我国高校加强人文素质教育的基本任务之一。思想政治理论课是培养学生正确世界观、人生观、价值观的一门课程，发挥着独特而重要的功能。因此，在教学过程中要注重人文素质与科学精神相结合。在进行价值教育时，要充分发挥哲学、伦理学、美学、历史学、文学等课程的功能。从历史发展看，我国古代许多思想家、教育家曾把"人"作为一个社会整体来看待，重视对其进行全面的培养和塑造。目前，强化中华优秀传统教育是刻不容缓的。因此，我们要从实际出发，把弘扬和培育民族精神作为大学生思想道德建设的一项长期战略任务来抓。中共中央、国务院指出，要推进高校设置中华优秀传统文化必修课程，将中华优秀传统文化融入哲学、社会科学及其相关学科、专业、课程。加强与中华优秀传统文化有关的学科建设，注重保护与开发文化价值高、传承意义大的"绝学"和冷门学科。

人文学科在艺术、文学、历史等学科中占有十分重要的地位，是我们情商发展的关键，也是我们认识自我、了解别人的关键。在教育中，人文学科比其他任何课程更有价值，因为它可以帮助学生更好地认识自我、接纳别人、欣赏自己。人文学科有助于我们对抗不确定性，了解复杂情况，引发共鸣。我们必须具备良好的情商，才能更好地适应社会。我们必须学会在不同情境下使用各种技能以更好地适应复杂的环境，并且在遇到重大问题时作出正确决策。人文科学对国家安全至关重要，它包括哲学、历史、宗教以及法律等方面。人文知识对社会进步有重要意义。随着科技发展日新月异，人们已经开始意识到人文学科在经济建设中发挥着越来越重要的作用。如果没有人文学科，人类历史所遗留下来的财富将不复存在。人文学科的存在不仅能帮助人们认识自己所处的环境，还可以帮助人们理解世界上各种现象的本质及其相互关系。

从这个层面上讲，要确立必修课和选修课相结合、课内课外相结合的原则，对教育教学进行量化管理，经常讨论和交流教育教学经验，形成一整套教学管理机制。这样才能使高校思想政治理论课发挥出应有的作用，提高教学质量。同时一定要清楚，选修课和必修课同等重要，那种觉得必修课很重要，选修课无关紧要的看法是不对的。选修课是为了更好地培养学生的素质和能力而设置的，它应该具有更多的人文内涵，也就是要注重人的发展。有些学校的选修课开设了诸如"影视评论""优秀音乐作品欣赏""名著赏析"等课程，对学生进行了生动活泼的价值教育。

（2）抓队伍建设，管理育人

价值观教育以及整个德育工作如果缺乏领导，没有一支通力合作的教育队伍，就无法发挥强大的教育合力和教育效应。因此，作者认为在学校党委和书记领导下，应由一个副书记分管这项工作。中层方面，学工部（学生处）、教务处、团委会、心理咨询处（室）等有关部门以及各个院（系）党委（党总支）要分工负责，齐抓共管。辅导员、班主任、各科教师要认真开展各种教育、渗透活动。总之，在学校里要做到"人人都是德育和价值观教育工作者"，校内各种力量要形成合力。与此同时，校内校外也要形成教育网络。

（3）抓环境建设，环境育人

人们普遍认为环境也是一门课，这就要求学校要给学生创设有价值的环境氛围。坚持环境育人的原则，要加大图书、音像资料、电脑设备、校园环境和其他方面的投入，为价值观教育和整个德育工作奠定雄厚的物质基础。

（4）走进生活，活动育人

学校要坚持以生为本，引导学生对社会生活进行积极的思考、分析和评判，积极主动地接受教育。这就要求我们必须从理论和实践上认真研究当代青年学生价值观形成发展的规律。当代青年学生既是一个独立个体又是社会群体成员，既有强烈的自我意识又有复杂多样的情感需要。这个时代的社会生活必然会对其价值观念产生深远的影响，但是，其效果如何，取决于学校对他们的教育方式。学校可以鼓励学生走出校门，走进社会，到大自然和人民群众中去体验生活，感悟人生。学校可以开展丰富多样的活动，把学生组织到社会上来观察和感悟社会生活，还可以将社会大环境带入学校的小课堂中，针对生活中的典型案例、典型现象组织倾听、观察、讨论和点评。这些都是培养学生正确价值观不可缺少的环节。只有使学生自己不断进行思考、分析与筛选，辅之必要的点拨，才会在实践中形成正确的价值取向。

简而言之，就是进行价值或价值观的教育，也应做到"全员、全过程、全方位育人"，坚持立德树人这个中心环节，将思想政治工作渗透在教育教学的始终。

四、德育改革之大学生的社会主义核心价值观教育改革

核心价值观是决定文化性质和方向的最深层次要素。青年是祖国的未来、人民的期待。我国目前正处于决胜全面建成小康社会的攻坚时期，开始了全面建设社会主义现代化国家的新征程，青年兴，则国兴，青年强，则国强。一个有远见卓识的民族，始终将注意力集中在青年身上；一个有远见卓识的政党，始终视青年为历史发展、社会前进的主要动力。毫无疑问，这些重要论述给我们进行社会主义核心价值观教育提供了指导。

大学生群体是年轻人中最富创新精神和超越意识的群体，教育和引导其确立中国特色社会主义核心价值观，将其培养成中国特色社会主义事业的合格建设者和可靠接班人，对建设社会主义和谐社会、实现中华民族伟大复兴这一中国梦目标有着重要及深远的意义。

（一）以社会主义核心价值观统领整合大学生多元化的价值观

全球化浪潮与我国探索发展有中国特色的社会主义市场经济的社会大变革，改变了人们的生活方式、思维方法、思想观念、价值观念等。当代青年大学生作为社会上一支活跃的生力军，其价值取向随着时代的变化而发生了深刻的转变。现阶段青年大学生的价值观具有以下几方面的突出特征：主流很好，出现了积极、健康、向上发展的好势头，他们追求个体价值，同时把社会价值满足放在首位，把重点放在为社会献身上；价值观呈现多元化趋势，重视自我，价值观讲究实用；具有鲜明的时代特色；价值观与实际行动之间呈现矛盾性等。关于思想主流这一点，当代青年学生的思想主流是积极、健康、向上的，坚决支持党的领导，对中国特色社会主义理论体系高度肯定，高度肯定了建党 100 年来带领人民所取得的

辉煌成就。在新时期，他们对党和国家发展的信心更坚定，希望更大。青年学生理想信念比较坚定，爱国热情不断高涨，社会责任感明显增强，道德素质、现代文明素质显著提高。

当前青年大学生价值观方面问题的形成有其重要的背景和社会、学校、家庭、个人等主客观原因。在 21 世纪，人类全面进入信息化时代，各种新观念、新思维、新信息层出不穷，其对大学生正反两方面的冲击和影响是现实和深远的；同时，随着社会的进步与生活的发展，青年学生越发清楚地意识到，他们是人生和社会的主体，他们需要发挥和实现人的价值。但是在多元的观念、思维和信息面前，他们又由于年龄经验不足，常常显得困惑、迷茫，特别需要学校和老师、家长加以指点。

上述情况说明在社会发生深刻变化的今天，大学生价值观呈现多样化、多元化、实用化、矛盾性强的特征。因此，对大学生进行社会主义核心价值观教育具有重要意义。在进行社会主义核心价值观教育时，必须密切联系并结合大学生价值观的现状与特点，有计划、有步骤地进行，特别是可以从这里寻找切入点和突破口，以便增强教育的针对性、实效性。应重点对当代大学生社会主义核心价值观进行培育，并且在中国特色社会主义核心价值观的引领下，融合多元化、实用化、矛盾性的价值观，满足时代与社会发展的需要。因此，我们应将其作为一项系统工程来推进，通过构建高校思想政治理论课与实践教学相结合的新模式，加强校园文化建设等措施来实现这一目标。这也是增强大学生社会主义核心价值观教育实效的重要依据与前提。

（二）充分发挥社会主义核心价值观教育目标的导向与检测作用

进行社会主义核心价值观教育存在着目标定位问题。如何准确地把握和确定社会主义核心价值体系在社会生活中的地位？我们应该在明确社会主义核心价值观教育目的和任务的基础上，对其进行科学定位。社会主义核心价值观教育是培育和践行社会主义核心价值观的基础性工程。社会主义核心价值观教育，其实质是有针对性地塑造中国特色社会主义核心价值观，具有鲜明的时代特征和时代意义，对大学生思想政治教育工作具有重要价值。

从教育的目标内容来看，首先，要合理定位和设计横向的社会主义核心价值观培养目标，突出社会主义核心价值理念，对大学生进行有效的引领。党的十六届六中全会明确提出了建设社会主义核心价值体系的任务，马克思主义指导思想、中国特色社会主义共同理想、以爱国主义为核心的民族精神、以改革创新为核心的时代精神、社会主义荣辱观是社会主义核心价值体系中最根本的组成部分。其次，要将社会主义核心价值理念融入大学生思想政治理论课教学之中。目前，高校正在进行中国特色社会主义核心价值观教育，要紧扣社会主义核心价值体系基本内涵。针对大学生价值观中出现的一些问题，我们应该把"四个认同"作为切入点，加强对当代大学生社会主义核心价值观教育，培养他们形成正确的人生观、世界观与价值观。在进行核心价值观教育的时候，既要突出大学生的知识立身，还应重视价值信念的培养；既突出公民意识，还应突出法纪观念；既要重进取，艰苦奋斗，还应突出团结协作等群体意识；既注重张扬主体个性，还要突出发扬民族传统美德；既要重自我实现，还要强调为国家、为社会、为集体、为别人付出；既要做大胆尝试、敢于承担、迎接挑战，还要强化创新创业意识，端正自己的态度，具备风险意识。总之，在大学阶段加强社会主义核心价值观教育必须遵循其基本原则，并从这几个方面着手进行。以这些教育目标与教育内容为指导，对大学生进行社会主义核心价值观教育，才不会走弯路，还可以让我国核心价值观教育更具时代感和生命力。

大学毕业生的就业、创业问题与大学生切身利益息息相关，同时也关系到国家的发展、社会的稳定，引起了社会各方面的广泛重视。随着我国经济进入新常态，高校规模不断扩大，大学毕业生人数不断增加，就业压力日益增大。党的十九大报告指出，要把就业作为最大的民生。做好新时代高校思想政治工作必须高度重视大学生的就业指导。坚持就业优先战略，实施积极的就业政策，达到更高的就业质量，更加充分的就业。当前，我国正处于全面建成小康社会决胜阶段，面临着前所未有的机遇和挑战，大学生就业难已成为不争的事实。在高校思想政治理论课教学中加强对学生世界观、人生观、价值观的教育，引导他们树立正确的择业观、就业观和创业观，对于促进社会和谐稳定具有十分重要的现实意义。在高校开展正确的择业观教育有利于增强大学生对自身职业价值的认识和理解，有助于培养大学生良好的心理素质及社会责任感，同时也能促进大学生形成正确的人生观、世界观和价值观。要让他们树立科学的职业生涯规划理念，培养其自主选择专业方向和工作单位的能力，并形成相应的自我价值实现意识和目标追求。在教育上要坚持习近平新时代中国特色社会主义思想，坚持社会主义核心价值观，教育和引导学生建立符合个人实际和当前经济和社会发展，适应当前严峻的就业形势的择业观、就业观和创业观。高校要在培养合格人才方面发挥主导作用，加强对当代青年大学生职业生涯规划教育，帮助他们确立科学的人生目标，明确奋斗方向，增强社会责任感和使命感。

其次，要对社会主义核心价值观教育纵向层次性目标进行理性定位和设计。一个人没有哪一种品质是一下子就能形成的，都需经历一个逐步发生、发展的过程。不同时期、不同层次的社会需要和人们对价值认识的深化程度以及价值观念的变迁情况决定了具体的教育目的。人们价值观的塑造也是循序渐进的过程，从低级向高级发展、从不稳定走向逐渐稳定。[①] 这就要求我们要根据不同时期的社会现实条件和人们所面临的主要任务来确定具体的价值观教育的总体目标。不同阶段的价值观教育目标之间有着密切的联系，它们既相互区别又相互影响，共同构成完整的价值目标体系。

由此看来，在制定阶段性或层次性目标时，要遵循价值观形成的规律，也就是要遵循价值观在形成时所呈现的阶段性和连续性的特征。同时要注重价值观内容体系的完整性和科学性。教育实践和理论研究都证明，一种价值观生成的阶段性和连续性，主要经历学生由浅到深地理解该价值对象，从片面走向全面；感情从无到有，由弱到强；行为由被动变为主动，由不安定走向安定；态度由外向内逐步发展等四个阶段。大学生的价值观是随着社会发展而不断变化的，它既表现为一定时期内个体思想上的进步与升华，也表现出相对稳定的特点。在此基础上，因为大学生的认知能力更强，要制定以培养情感、意志与行为习惯为主要内容的更高的教育目标，在进行社会主义核心价值观教育时，应根据这一目标，引导大学生积极参与实践活动，激发他们的兴趣，发展他们的情感，锻炼他们的意志，使其形成正确而稳定的价值观。同时，还要注重提高大学生的自身素质，使其具

---

① 陈晏辉.论态度目标的分类及教育对策［J］.泉州师专学报，2000（1）：56-60.

备良好的道德品质，树立起坚定的理想信念，才能最终将社会主义核心价值观内化和外化为个体自觉的行动。以上这类教育目标，与大学生年龄特征相适应，也与价值观的形成规律相适应，有利于在教育过程中发挥引导与监督作用，这样才能确保社会主义核心价值观教育具有针对性、实效性。

（三）整合教育资源，形成系统合力，创新教育载体，构建多渠道的教育体系

现阶段，教育实效性差的主要原因在于教育体系单一化。教育体系单一化带来了非常不利的影响，导致教育模式简单化。要想提高教育的针对性，就必须从多角度进行综合改革。多渠道教育体系与教育模式，有助于确保价值观教育向广度与深度发展。在新时期，要实现社会主义核心价值观的有效传播，就必须构建多元化的教育体系。所以要坚持系统科学的理论指导，同时确立全员、全程、全方位管理是全面质量管理的特征，通过对学科、活动、环境、文化等方面的资源进行融合和运用，建立多渠道、全方位、立体交叉的教育体系结构，教育模式多样化，将注重过程和注重结果统一起来，将各方力量构成一个系统合力，切实提高社会主义核心价值观教育实效性，必须具备十分重要的过程保证和长效机制。

1. 应创新教学载体，将社会主义核心价值观教育赋予学科教育之中

学科教育要重视发展与融合，深挖各个学科、课程所隐含的德育素材，强调德育和各个教学环节之间的衔接。要把培养具有高尚道德情操、良好道德品质、较强人文素养的全面发展的人才作为目标，努力使每个人都能得到充分和谐地发展。思想政治理论课作为帮助学生构建社会主义核心价值观的主要媒介与路径，要着眼于创新，发挥教育作用。因此，要以科学发展观统领思想政治理论课的改革发展全局，努力增强思政课教学对人才培养质量提高的引领性、基础性、导向性作用，不断推进思想政治理论课教学改革向纵深方向发展。目前，高校思想政治理论课整体具有针对性、实效性和吸引力的特点，但是缺乏感染力，教学质量还需要进一步地提升。对此，要注重课程教材建设和教师队伍建设，发挥马克思主义学院功能，同时，合理运用现代教育技术，把握实践教学环节，丰富学生的经验，创新活跃思想政治理论课教学形式，如多采用专题讲座、社会实践、讲演、小品、朗诵、辩论赛、知识竞赛等这种深受青年大学生欢迎的教学形式。要充分

发挥课堂教学主渠道的作用，提高思政课的教学效果。同时将思想政治理论课的教学引向"第二课堂"，在"进网络""进学生公寓"等领域延伸扩展，形成具有广度、深度和多渠道的、多层次的理论教育模式，才能使之达到最佳的教学育人效果。

2. 应创新活动载体，用生活育人

发挥生活与实践对大学生核心价值观塑造的巨大作用，创造有内涵的教育生活，挖掘学生喜闻乐见的教育生活元素，建构学生认可的教育话语，有针对性地进行生活教育。思想政治工作从宏观角度讲，就是要回答培养什么样的人、如何培养人、为谁培养人的问题；从微观角度讲，就是要指导学生在生活中该往哪里使力、对谁用情、如何用心、做什么样的人的过程。必须用鲜活的事例、鲜活的理论，对学生的学习生活、社会实践、就业创业面临的实际困惑等作出及时的反应，培养学生理性平和、积极向上的心态，培养学生科学的思维方法，发展学生的思维能力，提升学生的思想水平，使学生在政治觉悟、道德品质和文化素养等方面不断提高，促进学生德才兼备、全面发展。只有这样才能使高校育人环境更加和谐美好，真正实现立德树人的根本任务。教育就是导向，人生本身也是一种教育和导向。高校应把教育与生活紧密地联系起来，通过各种途径和方式让大学生感受到社会主义主流意识形态带来的正面效应。当代年轻大学生价值观深受当今时代和社会生活的影响，学校应积极剖析这一效应，理性看待社会与生活给大学生带来的冲击。同时，大学生自身也存在一些心理偏差和行为失范现象，这与他们的价值观教育有着密切的关系。高校要本着趋利避害的原则，积极主动地运用社会和生活来教育、引导学生。在此基础上，才能真正使大学生树立正确的世界观、人生观、价值观。所以，大学生价值观教育要想达到"知"与"行"的合一，其必经之路是组织和引导大学生参加社会实践活动。高校思想政治理论课教师要以自己丰富的知识为基础，通过开展形式多样的社会实践活动来帮助大学生树立正确的价值观。这样做能使价值观建设由课堂向社会拓展，从理论向实践延伸，并在实践的基础上不断加深、完善和巩固，让大学生在不断地和社会进行深度、广泛的交往中，更深刻地认识社会、适应社会、融入社会，并且最终塑造社会主义核心价值观。国外高校把志愿服务作为一种德育手段应用到思想政治教育中，取得了较好的成效。国内许多高校都利用暑假的时间来组织学生党员、团员深入社区、农村、企业、工厂中开展社会服务，这类活动不仅符合大学生的需要，还具有一定的教育意义。

3. 应创新环境载体，用文化育人

教育环境，即教育的风气、气候。从当前我国教育环境现状来看，还存在诸多问题需要解决。为此，我们应从以下三方面着手：一是应将教育环境建设融入社会主义核心价值观全面质量监控保障体系与长效机制建设中，注重教育理念的革新，要将现代教育理念与要素注入教育环境这一传统要素之中，对现代教育环境内涵进行不断地延伸和扩展。良好的校园环境可以为社会主义核心价值观的传播提供一个有利的空间条件，既能使人感受到一种和谐融洽的人际氛围，也有助于人们养成积极向上的生活态度。因此，要注重校园文化建设。二是应当注重发挥思想政治理论课对大学生进行理想信念教育的作用。大学在建设校园和班级文化时，一定要自觉营造浓厚的学术和专业文化氛围，在强化优秀传统文化教育的同时，将社会主义核心价值观教育贯穿始终，做好这些环节的综合工作。例如，将红色经典内容纳入学校特色课程体系，用先进文化引领校园文化建设。又如，结合专业学习实践，开展形式多样的党建、团学活动，使学生置身于积极向上的校园文化氛围中，得到暗示，受到感染，逐步实现社会主义核心价值观的认同与内化。以富有内涵的多层次校园文化建设，引领整体校园环境建设，冲淡市场冲击，健全道德人格，带动全体学生共同进步。三是加强网络思想文化建设，抢占网络思想政治工作的阵地，运用现代信息网络技术，拓宽思想政治工作空间，拓宽工作渠道，利用网络引导方向，加强青年大学生社会主义核心价值观教育等，我们必须抓住新形势下思想政治教育关联性、互动性较强的特征，推动思想政治工作加互联网，形成网上育人的合力。

4. 应尊重学生主体，坚持以人为本

要尊重并发挥学生主体的积极性、创造性。大学生的主体实践和大学生教育活动的自主性、积极性、创造性，是社会主义核心价值观教育取得实效的内在原因。对此，结合目前实际情况来看，要从观念抓起，坚持并确立人本理念，对学生进行价值观教育，这是高校开展核心价值教育最根本的出发点和落脚点。心理

学研究同样证明，价值观念的形成是个体根据主体经验的需要、内化为外在要求和理念的过程，个体越主动，欲望越大，那么内化的速度也会越快、越容易成功。因此，大学生价值观念的培养离不开自身努力和自觉追求，只有通过自我学习和自我实现才能最终达到对社会产生影响的作用。现阶段，为了增强社会主义核心价值观的教育实效，无论从思想观念还是从教育行动来看，学校和教育工作者都强调大学生的自主性、积极性和创造性地发挥，引导学生对教育活动进行积极的思考、分析和评判，积极体验和实践，直到相对牢固的价值观形成。

总的来说，大学生社会主义核心价值观教育关系到是否能将他们培养成为中国特色社会主义事业的合格建设者与可靠接班人的问题。要想增强社会主义核心价值观教育的实效，各高校就必须强化责任感和使命感，基于大学生价值观的现状及特征，合理规划和设计，紧扣大学生社会主义核心价值观培育这一目标，坚持用社会主义核心价值观引领高校学生价值观体系，着力整合各资源要素，在创新教育载体、建设多渠道教育体系等方面努力，着力构建长效机制，切实提高教育针对性、实效性，让社会主义核心价值观在学生心中生根发芽，为构建社会主义和谐社会和建设创新型国家作出贡献。

第三节　高校应用型人才培养实践教学模式改革

应用型人才的培养是当前我国经济和社会发展的必然要求。随着国家对人才培养模式改革重视程度的不断加深，各高校也纷纷加大了应用型本科人才培养力度。要想培养符合社会经济发展要求的新型应用型人才，则需从制定科学培养规划开始，借助学校、教师、社会三个层面上的力量，采用现代化教育教学模式，逐步培养应用型人才。

（一）加大实践教学比例，联合应用启发和探索的教学模式

应用型人才应具备的重要能力素质是实践应用能力，具体来讲，就是通过学习理论知识，在具体的实践活动中，运用已学的知识去解决所发生的问题的一种能力。这就要求学生不仅要掌握一定的基础理论知识，还必须具有较强的动手操作及分析解决问题的能力。并在解决问题的过程中，要求教师提供适当的帮助与指导，让学生去完成问题的探究与解决，这样才能够有效地锻炼学生的应用能力。教师在辅助指导学生的过程中给予恰当的启发，把课题中问题探究部分交给学生完成。

此外，探索教学模式的应用主要通过对学生教学过程设问，引发学生的探索欲，以启发他们以问题为导向，多角度、多层次地思考，最终使问题迎刃而解。这种模式能够有效提高学生的学习兴趣和积极性，有利于培养学生的自主学习意识，从而为后续的知识体系构建打下良好的基础。设问要求教师在实践教学过程中仔细观察学生，以总结分析为前提，联系学生的实际设问，并且注重提问的导向性，最终促使学生实现对所学理论知识的巩固，以锻炼应用能力为宗旨。

（二）以实践项目为依托，达到教学改革的目的

在大学实践教学过程中，最好的办法就是以教师为主导，以学生为主体，进行特定的科研实践项目。这种教学方式既有利于激发大学生对科学研究的兴趣，又能够帮助他们掌握基本的理论知识。一方面，教师在科研项目学习过程中能够

有较多机会进行理论学习，达到个人理论水平持续提高的目的；另一方面，学生能够更好地了解到科研工作的特点及意义，学生参与实践项目，获得了锻炼与提高。同时，还可以从项目本身出发，了解到其中所蕴含的知识与技能以及相关问题的解决方法。教师还可以在项目全过程中进行评价与观摩，选择部分项目的实施进程环节，邀请学生参与，教师只需要有效地调控与掌握学生的参与程度即可。总之，从某种意义上讲，成功的科研选题与完成科研任务都离不开师生之间的良好合作关系的构建。

（三）课程教学重点向职业能力方向转变

培养应用型人才的终极目标，就是要向社会提供专业素质高、解决问题能力强的人才。高校应以课堂教学内容为切入口，从原来以理论知识为主的教学模式，逐渐过渡到以培养职业能力为目标的模式。为了实现这一目标，教师要不断更新自身的教育理念，同时也要结合互联网技术，构建一个完善的数字化校园网络环境。通过网络平台，获得更多的课程教学模式与实践教学方法，并运用到具体的教学过程中。

此外，要有效地培养学生的职业能力，教师在选择教学素材时，要注意多用案例型教学素材，并把具体工作中的实际问题作为理论学习与实践方法讨论的切入点，保证学生具备的理论知识与实践能力，能够为实际问题的解决提供行之有效的方法。这样，在他们走上工作岗位之后，就有了较强的职业能力。

（四）提高课程教学内容的开放性

尽管学校教育过程在固定的空间与时段内进行，但是网络与信息技术的不断发展，却突破了这一限制，使得学生获取的学习资源更加多元，高校教师同样要尊重这一社会发展趋势，在教学资源上借鉴与所任教专业有关的某些先进技术、理念信息，并恰当纳入既定教学课程体系，发挥开放性优势，确保教学模式的先进性。当前我国高等教育正处于由精英教育向大众化教育转变的重要时期，这就要求各高等院校必须根据自身特点制定符合时代需求的教学模式，构建适应现代大学制度的新型本科院校教学模式体系。随着应用型人才培养目标的确立，各院校既要进行课程体系设置，又要进行内容调整，针对现有课程教育教学模式进行研究，将应用型人才的培养作为调整的切入点。高校广大教育工作者与管理者应直面应用型人才培养教学模式改革与实践工作存在的问题，及时并合理地采取措施来解决这一问题，实现应用型人才培养教学模式的改革，并在实践工作中持续推进改革，造就一大批品德高尚、本领过硬的高级应用型人才，推动我国社会经济的迅速发展。

第四节　高校应用型人才培养实践
教学管理和质量保障体系改革

一、高校应用型人才培养实践教学管理改革

"以人为本"的高校教育观念，决定了"以人为中心进行管理"是高校管理创新发展的必然趋势。从某种意义上讲，学校管理就是对人的管理。传统学校管理虽然也重视开展人本管理，注重开发人力资源，将尊重人、依靠人、发展人、为人服务作为学校管理的指导思想与价值取向，并取得了一定的成绩，但还远远不够。我们必须深刻认识到，要实现由传统向现代转变，就需要对原有的以人为中心的学校管理模式进行反思和变革，使之更加符合现代化大学的建设目标和时代需求。目前，我国高校管理改革创新所面临的主要现实课题就是如何把以人为中心管理和中国特色现代学校制度的制定和执行相结合，将以人为中心的管理科学化、制度化、程序化、固化为现代学校制度成果，并加以创造性执行落实，推动学校管理质量和层次水平的提升，服务于一流大学、应用型高校或者有特色学校的办学。"以人为中心的管理"，势必要求认真审视学校的管理理念、价值取向、发展宗旨、管理制度、管理模式等，激发师生学习的积极性和主动性，在学校管理中，创造性与促进人的整体发展被置于首要地位，在提高服务质量方面，转变领导方式，实行激励制度，提升生活和学习的质量，强化学校管理者与师生员工以及师生员工与师生员工之间的交流，从而促进学校管理改革的创新，实现科学发展。

适应高校应用型创新人才培养的需要，"以人为中心的管理"要落实到新建地方本科高校和应用型本科高校的管理及其改革创新的方方面面。

（一）教学管理改革创新的背景意义以及基本情况

开展教学管理的改革创新实践及研究是基于践行"以人为中心的教学管理"理念而提出的。

教学管理过程是包含教学计划管理、实施管理、监督检查管理、总结评价管理等诸环节诸要素的运行过程。教学管理者只有全面地了解并掌握了这些基本因素及其相互间的关系才能更好地为教学服务。教学管理中的改革与创新是系统的复杂过程。

教学管理改革与创新形式多样，包括教学管理体制、机制、方式、思想观念、管理组织、工作方式等方面的创新。

应用型创新人才培养需要"抓两头，促中间"，尤其是落实"以人为中心的管理""面向全体学生""促进学生全面发展"等现代教育理念的重要策略措施。其中"抓两头"是关键，"促中间"是核心。"抓两头"是指抓住"前头"与"后头"的学生。"前头"的学生就是那些在思想品德、知识技能等方面有较好基础并能为学校创造良好教学环境的学生。"后头"是在品德、学习实践、创新等方面有某些不足的学生。"中间"的学生，就是那些在这几方面成绩平平的大众学生，所谓"促中间"是指促使这一部分同学奋起直追，有所进步。实践证明，"抓两头，促中间"有利于促进全体学生的全面发展和创新发展，全面提高教育质量。

通过所取得的成果，我们可以发现其已经成为为适应培养应用型创新人才的需要而开展的教学管理改革与实践的高度总结与凝练，在高校人才培养的教育教学管理创新上取得了突破，效果比较突出，示范引领作用显著。

（二）教学管理改革创新的依据、目标与思路、做法

1.教学管理改革创新的依据

（1）理论依据

在前述应用型创新人才培养的思想和理论指导下开展此项改革创新工作，其中具体和直接的理论依据有以下两个方面：

①"以学生为中心"的教育理念。教育应是"以学生为中心的教育"，学生的学习动机是自发性的、主动性的，教育的目的是培养学生成为知道如何学习和适应变化的自由人，教师应像治疗者对待来访者一样辅助学生学习以取得理想的教育效果。

②教育心理学"最近发展区"理论。实施培优计划，让学习优秀学生脱颖

而出。教育心理学中的"最近发展区"理论认为，当发展和教学之间可能存在的关系被确定之后，应该让教育在学生成长过程中起到引领与推动作用，就要建立学生发展的两种水平：一是其已经达到的发展水平，具体表现在学生能自主解决问题的智力水平上；二是其可能达到的发展水平，不过，得借助成人帮忙，通过集体活动时的模仿，以达到解决问题的境界。教师应该根据不同层次学生的认知规律和特点，对他们进行有针对性的辅导、训练。维果斯基把学生通过引导并借助于成人帮助而达到问题解决程度和通过独立活动达到问题解决程度之差，叫作"最近发展区"。教学要以学生最近发展区为中心，给学生提供一些有困难的知识，激发学生的学习热情，开发学生的潜力。

（2）政策依据

《国家教育事业发展第十二个五年规划》提出，要"树立全面发展的观念和人人成才的观念，面向全体学生，促进学生成长成才"；《国家中长期教育改革与发展规划纲要（2010—2020年）》明确提出要"把促进人的全面发展、适应社会需要作为衡量教育质量的根本标准"，"建立学习困难学生的帮助机制，改进优异学生培养方式"。

强化高等教育"以学生为中心"的过程管理及其预警保障机制是落实教育质量目标的重要手段。进入21世纪后，教育部一直在引导各高校努力提高教育质量和加强教育过程的保障管理。

2. 教学管理改革创新的目标

学校教学管理的改革与创新，旨在贯彻"学生是主体"的教育理念和"以人为本"的管理理念，促进全体学生的全面发展和创新发展，促进教师与管理者的职业成长，促进学院的学科快速发展。

3. 教学管理改革创新的主要思路、做法、特色、成效

（1）主要思路

针对理工科专业课程较多、难度较大、学生学业压力较大的实际，实施学业预警和结对帮扶，帮助和促进学习困难的大学生顺利完成学业。

通过实行导师制、党建科研导师制和科研小助手制度，实施培优计划，让学习优秀的学生脱颖而出。

弘扬"敢拼会赢"和"爱拼敢赢"的精神，结合学院的专业特色，促进教学工作质量提升和应用型创新创业人才培养。

（2）主要做法以及特色、成效

①实施学业预警和结对帮扶——帮助和促进学习困难的大学生顺利完成学业

学业预警是由学院依据本科修业相关规定，结合各类专业全程培养方案相关要求进行，及时告知学生每个阶段的学习情况，对于可能不能顺利完成学业的学生给予警示，同时采取针对性的防范措施，有助于学生成功完成学业的一种系统。

该项制度从预警指导思想、预警目的、预警对象、工作流程、工作小组、相关职责、加强组织领导等方面对学业预警工作做了具体详细的规定。在执行预警时，综合注意那些不一定能成功完成学习任务的学生在有关课程上的表现，重视其解决实际问题的能力，再从他们的特点入手，安排并落实预警。同时，要注重与学校教育教学工作相结合，加强实践环节的训练，以培养出更多的高素质人才。此外，每一个符合条件的大学本科毕业生，除专业课成绩达标之外，还要经过各种等级考试才算毕业。所以，学校要加强专业教学建设，为每个学生建立完善的培养体系。大三时，学院教务科对等级考试成绩进行及时清查，对于等级考试不及格的学生，要及时发出警告。

学业预警与结对帮扶的实施流程如下：

A. 进行预防教育

新生入学后需要进行入学教育，教务科教师负责学籍规定的导读，面向全体新生开展预防教育。同时利用新生入校后第一次集体活动时间组织专题班会或主题党日等形式进行警示教育。对刚上大学的学生进行预警教育有着重要的意义，利用反面教材、反面典型事例以及规章制度等惩罚性条例，对学生进行教育与警示，让他们能够辨明是非真伪，根据自己的实际情况，制定成才目标，从而达到考察、监督与激励教育效果的目的等。预防教育是高校思想政治工作的一项重要内容。通过预防教育，既可以从相反的角度提醒学生不要步入歧途，也可以从积极的方面引导大学生主动向上。

B. 进行学业预测

一些研究显示，对于某一专业、某一学生，可根据其在前四个学期部分课程中的成绩，来预测他毕业时的加权成绩。所以那些被安排到大一、大二公共基础课与学科基础课的学习成绩成了人们关注的焦点。通过对近两年部分重要课程成绩进行观察，对学生今后的学习趋势进行展望，帮助及时发现学生可能不能顺利完成的学习任务，调整数学方法手段。

C. 进行预警

每学期开始后一个月，补考之后，分管学籍教务人员就要进行学籍清查，排查出由于成绩原因或纪律原因需要进行预警提示的数据或对象。对已经出现过预警信息的学生，根据情况及时采取相应的处理措施。学院采取一般预警与重点预警相结合的预警机制。一般预警是指根据平时的学习表现对每个班级作出一个综合评估，并将其结果及时反馈给教师及学校领导。学生有以下情况的，作出一般性的警告：上个学期补考了三门必修课；上个学期的一门必修课，补了又补，还是落榜了；等级考试一项不及格；参加学业测验无结果或成绩未达最低标准。为防止此类问题再发生，在对学生学习现状分析基础上提出了"提前预警"策略。一般预警是学院辅导员和需预警的学生沟通，了解其具体情况及导致成绩滞后的具体原因，并给出相关的提示与建议，并且会着重就学生学业预警问题和学生家长进行交流，让父母与学校合作，帮助学生完成学习任务。对已经出现了一定程度的学习困难的学生应及时帮助其解决实际性问题，如调整心态、增强信心等。学生有以下情况的，实施重点预警：上个学期开始，三门必修课补了又补，结果还是落榜；必修课累计未通过的门数 ≥ 8；上学期获得的学分 <10.0；未参加学校组织的社会实践活动等均属重点预警之列。受到记过以上处分的重点预警，由主管学生工作的院领导（党委书记）进行重点约谈，打电话给学生家长，或者让他们到学校，与学生一起寻找原因，然后制订帮扶计划，有效地帮助每一位学生。对个别成绩优异，但有严重不良行为倾向的学生要及时予以提醒。还要让学生根据需要作出书面承诺，通过对学业困难的成因分析，制定学习整改提高方案。

D. 实施结对帮扶

要想使学生能较好地完成自己所规定的任务，就应根据学生不同的特点采取不同的方法来提高他们的学习成绩。学校在帮助学生克服学习上的落后问题时，必须考虑到这一点，寻找造成成绩落后诸多原因的关键点：

一是根据不同的成因，采取相应的措施，引导大学生端正学习态度。根据大学生心理特点进行有针对性的教育。例如，针对学习目的不明确，教师要引导学生明确学习目的，树立远大理想；针对兴趣分散，不能集中精力去学习，教师应培养学生的学习兴趣，并以学习为中心培养其他的兴趣，结合学生的爱好来开展学习。

二是增强学生的学习信心。教师要想方设法地消除学生的消极情绪。因缺课或者高中基础不好，学生对于某门课的知识或者技能的掌握并没有跟上班级的进度，时间一长，该学生便会失去学习的信心，觉得再怎么努力都不会有好结果。受此消极情绪的支配，学生不再认真读书，学习成绩自然不理想。对于这类学生，要准确地查明他们掉落的知识与技能，快速地寻找补救方法。对他们加强指导，弥补基础薄弱的环节，引导学生认真学习，确保毕业生质量。

三是发挥导师作用。学院党委牵头，组织师生结对帮扶，引导鼓励高水平、高素质的教师充当大学生导师，同时实施党建科研导师制，要求党员教师发挥骨干带头作用，积极担任导师，对学生进行思想教育、生活指导和学业指导。院党委书记院长、副院长等院领导也各自与三四位学生结对子。

四是发挥学生党员的辅助管理功能。为了帮助大一新生早日适应大学的生活，新生入学后，实行每周2至3个晚上的定点晚自习制度。要选择有责任心的学生党员担任助理班主任，有目的地进行一些引导大学生活与学习的活动。

五是发挥党支部、团支部的战斗堡垒作用。大学班级中多设有团支部，高年级也成立了党支部。党支部、团支部积极响应学院党委的号召，与学习落后同学结对，成立学习互助小组，督促和提醒学生逃学行为，并根据具体情况，及时报告学院。

②实施以赛促教、以赛促学、以赛促练、以赛促创、以赛促管——促进教学工作质量提升和应用型创新创业人才培养

培养高素质的应用型创新创业人才，是许多高校近几年确立的目标，因此，在教学管理改革中，采取的政策措施务必要引导师生把教学的主要精力转到培育提高实践应用能力、创新创业意识、创新创业能力上来。其中，很重要的一条是

着力构建实践教学体系，提高实践教学比重。例如，我们提出构建以"实验教学—课程设计—见习实习—毕业论文（设计）"为主线，以学科赛事、学生课外科技活动、社会实践等第二课堂活动为辅助的实践教学体系，就是从上述思想理念出发而提出的。其中，学科赛事一直是我们的一个重要抓手。

为此，很多学院每年投入专项竞赛经费，组织相对固定的学生学科专业竞赛指导教师团队，积极组织教师和学生参赛，以赛促教、以赛促学、以赛促练、以赛促创、以赛促管，提升教学工作质量，助力应用型创新创业人才培养。

在学生方面，学院定期组织学生参加创新创业大赛等学科专业竞赛和课外各类创新实践项目，学生积极参加，参与人数众多，掀起练技能、比技能、赛能力、比创新的高潮，学生的创新精神及实践能力得到显著提高。

在教师方面，一是定期组织教师参加院内外授课竞赛。例如，院内每次竞赛限定在某一职称层次，要求没有参加竞赛的符合参赛要求的教师尽可能地要临场听课。从评课专家反馈的信息看，多数教师能够在充分掌握教材内容的基础上，针对学生的特点，认真思考教学方法，力争达到有效性与创新性的统一，说明一线教师已经不仅仅满足上完一堂课了，而是更追求上好一堂课了。二是教师参与指导学生参加各类学科专业竞赛和创新实践项目。在指导学生的同时，自己也获得教学的反馈以及专业实践能力的进步。

在管理人员方面，组织管理人员参与校级专业素质能力竞赛等各类竞赛活动，开展组织发动、落实场地、聘请评委、现场监控、指导学生等环节，要求管理人员要具备较高素质。因此通过组织参与竞赛，管理人员从中也得到了锻炼。

③实施培优计划，实行本科生导师制、党建科研导师制和科研小助手制度，让学习优秀学生脱颖而出，获得更充分的培养。

立足于应用型创新人才培养，在学院多年实施本科生导师制的基础上，小助手制度也在学院中得到了倡导，并且还倡导实行科研小助手制度，即为每位开展科研工作（包括纵向课题和横向课题以及校企合作研究）的教师配备若干科研小助手。科研小助手主要由大二、大三和大四的学生尤其是中高年级学生担任，目的在于发挥党团组织作用，牵线搭桥组织师生结对子，使学生提前参与科研、科技开发与应用等实践，提升学生科技素质、创新意识和实践应用能力。同时也有利于为教师创造更好的科研工作条件，营造浓厚的学院科研工作氛围，促进提高科研尤其是应用型科研水平。

在实施方案中，科研小助手的招聘范围、招聘条件、岗位职责、岗位设置、工作待遇、聘用程序、考核管理等内容也是需要确定的，以便具体组织实施和监督管理，并取得实际成效。工作待遇主要包括以下几个方面：一是对于能够履行科研助手职责认真完成科研工作的科研小助手，经学院考核通过，每月发放相应的工作补贴，并向学校勤工助学中心申请相应的岗位每月发放相应金额的补贴；二是科研小助手在教师指导下，申报大学生创新创业项目优先推荐立项，开展产学研活动，利用光子中心平台进行创业；三是在教师指导下，进行考研准备工作，对于在科研小助手工作中表现突出者，优先推荐研究生学习；四是对于表现优秀的科研小助手，在学院的各项评先评优中予以倾斜；五是符合学校学院创新创业学分置换的，按规定办理等。

为做好这项工作，可以利用教职工大会、学生党员干部会议、班会、学院网络等各种场合和各种媒体，广泛动员师生结对子，落实科研小助手制度。另外，为把这项工作引向深入，并充分发挥支部和党员的模范带头作用，可以实施"党建科研双导师制"，从而实现党建与科研双促进。所谓党建科研双导师制，就是党员科研导师同时也是学生支部和班级以及党员学生本人的党建导师。具体来说，就是充分利用党员教师的政治威望、生活阅历优势以及科研能力、学术水平和人格魅力，通过学生参与导师的课题研究等，以科研为纽带，发挥教师在党建育人中的主导作用，培养提高党员学生的党员意识、政治意识、科研意识、科研能力和创新实践能力的制度。

之后，进一步拓展党建科研导师制和科研小助手制度，我们可以组织党员干部、专任教师和学生结成学习、科研、竞赛、党建等对子。学生在学习的同时接受导师的广泛指导。就专任教师而言，学生跟随专业导师进实验室、进项目、进企业，各级各种实验室、科研平台对学生开放，学生在专业导师指导下接受科研训练或参与各类创新、创意创业竞赛活动。同时，为推动上述工作，学院可以制定绩效分配政策等激励机制，对教师在指导活动中取得的成绩给予肯定和奖励，鼓励教师主动积极指导学有余力的、有兴趣的学生参与各种创新、创意、创业和各类学科专业竞赛活动，申报和完成大学生科研基金项目。

同时，"科研搭台，党员师生结对"，要求党员教师和师德高尚的教师在指导学生科研、竞赛的同时关注学生的思想进步、成长成才，由此引导推动了学生提高党性修养和政治思想品德素养。此外，学院党委为推动导师制和科研小助手制的深入实施，可以组织开展教工党支部和学生党支部，教师党员和学生党员的结对共建，以及党支部的立项，提高师生党支部活动的专业内涵、质量和水平，增添了党建工作的针对性、实效性和活力。

（三）教学管理改革表现出的特点

1.体现创新型管理的本质要求

创新型管理的本质是管理的创造性。此项改革所采取的教学管理的措施策略，强调集中教职员工的智慧，发挥集体创造力来齐心协力做好教学工作和教学管理。要求革除消极保守的管理方式，采取针对学生特点和需求的积极主动且灵活的因材施教的管理方式。要求敏锐地觉察周围环境的各种变化，并根据学院和师生特点迅速作出调整。保证在内外部环境有利于学院和学生发展时，能及时采取措施加以利用；当环境出现不利因素时，能灵活地采取对策，趋利避害。

2.聚焦于提高人才培养质量

此项改革，依据教育政策法规和科学理论，以本学院为改革试验田，对教学管理进行了大胆改革，充分发挥学院党政管理团队和广大教师的积极主动性，对如何提高人才培养质量这个教学管理的核心问题进行了多角度的探索。

3.能够取得创新性的显著的改革成效

采取"抓两头、促中间"的四项主要改革措施，促进了全体学生的全面发展，学生的学习成绩和创新创业成绩斐然，实践验证效果显著，项目实施者认真总结改革经验，发表论文固化改革成果，具有一定的学术价值及实践意义，值得在同类院校教学管理研究中交流推广。

（四）教学管理改革实践的措施对策

新时代召唤着与时代精神相适应的全面发展的新人，需要教育教学管理者改变传统的观念，明确学生的主体地位，关心学生，以帮助和促进学生全面发展为第一要务。要求高校管理无论在形式上还是在内容上都必须相应地发生变化并不断地创新。要求学校管理者不仅是管理者而且也是服务者。高校管理者要更加开放、科学、理性，能够充分尊重教育教学的规律、学生的成长规律与师生特点，给予有针对性的服务与管理；在具体实践中还要注重人文关怀，尊重学生的人格和个性差异，关注每一个学生的学习、生活和思想状况，帮助他们解决实际问题。要求高校管理既要具有科学理性的智慧和准则，还必须具有人文主义的柔性和民主性，以学生为中心，设置更科学、更人性化的管理程序，从而主动、积极地去营造一种适合于学生发展的教育氛围。

因此，尽管教学管理改革实践取得了一定成效，但是还有两个方面需要进一步注意和加强。

1.进一步完善提升"抓两头、促中间"改革

对预警制度和结对帮扶制度应进一步加以细化，加强时效性，提高科学性、可行性、操作性，做到常态化和制度化，使其成为促进学生学业进步的长效机制和利器。

实践中，专任教师和政工人员要共同开展帮扶教育，提高思想引导和学业指导的成效。促进和指导学生增强信心，需要积极制订整改补救计划，自觉学习、自觉补救，直至转差为合格，甚至转差为优；需要进一步调动教师的积极性，消除畏难情绪，并且视结对帮扶的学生数量和转差成效的相关情况，给予适当的奖励和工作量津贴，充分发挥教师的结对帮扶作用，提高帮扶指导的成效；也需要发挥学习优秀学生和学生党员干部的作用，可以单独结对子，也可以作为教师的助手，一起与学业困难学生结对子。

同时，预警制度应扩大和拓展对象和范围。预警制度不仅是对学生的预警，还必须是对教师教学的预警，必须是对辅导员、班主任等思想教育和日常服务管理工作的预警。这样一来，预警制度及其应用定能取得最佳实效。

需要进一步改进完善人文学堂活动的形式和内容。对人文学堂活动选题内容还可以进一步丰富充实，改变其单一的活动方式。要进一步丰富活动选题和内容，让人文学堂真正涵盖人文社科知识的方方面面，并实现人文学堂活动的举办形式多样化、科学化，并逐步将人文学堂与课程、人才培养方案相衔接。

应该提高人文学堂的受益面和覆盖面。让全院每个学生都受益，都能通过人文学习提高综合素质。在保证受益面的基础上，给那些具有人文方面兴趣、爱好或特长的学生多多益善地把学生锻造成科技素质与人文素质均衡发展的"合金钢"。

应该提高活动的规格层次和社会影响力。受活动经费、课酬、学院人脉资源等条件限制，学院邀请到的国内外知名专家学者还很有限，一定程度上限制了活动的规格层次和社会影响力。在这方面，不仅要将人文学堂办出特色、办出质量，而且要拓展人文学堂的影响面。

2.统筹教学管理的整体改革发展

应进一步树立"以人为本"和"以学生为中心"的理念。在教学管理中要充分体现对学生的人文关怀，把学生的需求和利益放在首要的位置。

应进一步提高对转型向应用型学校和学科专业，以及培养社会所需的应用型创新创业人才的认识。做好顶层设计和中长期规划，统筹推进教学管理的转型发展和改革创新工作。

向教学管理要质量。根据有关法律法规以及学校的规章制度，建立健全内部、外部、社会、学生以及家长"五位一体"的教学质量监控保障体系对普通高校或应用型高校而言，教学质量保障体系建设的核心目标是围绕高校应用型创新人才的培养和创造性教育教学的实施，寻求形成一整套符合实际与教育教学规律的具有科学性、针对性、操作性的教学管理机制。在高等教育大众化阶段，我国大多数普通高校都已建立起了较为完整的教学质量管理体系，并取得了一定成绩。就目前教学与其管理中存在的问题与薄弱环节而言，健全和完善教学质量保障体系，仍是当前这类院校需要解决的教学管理核心问题。

引导广大教师积极投身教学改革和研究，并将教改成果固化到培养方案和教学实践中。例如，引入慕课、线上线下混合式教学、翻转课堂等新型课堂教学模式，加强师生互动，注重培养学生的批判性和创造性思维，激发创新创业灵感，提高课堂教学效果，使学生真正成为教学的主体和学习的主人。

虽然第一课堂与第二课堂协同育人体系初步形成，但二者结合还不够紧密，融合度不够高；第二课堂中学生参与科技文化、社团活动中的科技创新含量也有待进一步提升。应该逐步将部分第二课堂教学纳入人才培养方案，划分相应学分，科学量化第二课堂课程，通过计入总学分措施将第二课堂和第一课堂融为一体。

学院课程考核考试管理也要坚持以人为本。由于这个问题事关导向和指挥棒的作用，且现实中认识上和操作上问题较多、较突出。课程考核考试管理是高校教学管理中的重要环节。正确处理课程考核考试与教育教学的关系，也是取得教学管理改革创新成效、培养高素质人才的重要保障。

基于以上认识和现实存在的问题，首先，应该进一步加强课程考核考试管理，实现其预定的目标和应有的功能和作用。课程考核考试管理活动的目标应该是规范考试促进教师的教学和学生的学习，服务学生整体素质的提升，推动人才培养。其次，要加强引导，促进教师教育教学观念转变，主动探索适应于应用型创新人才培养的学习效果评价方式方法和课程考试考核方式方法。有效地把建构学生综合素质评价的科学体系作为深化教育教学和管理改革的一项重要内容，推动创新创业教育，培养应用型创新人才是重要环节也是重要方法。通过建立多元化的评价主体，完善多样化的评价方式方法。根据学生实际和课程性质，把过多的关注或者仅仅关注学业成绩考核评价向关注学生综合素质转变，特别对应用型创新素质进行考核与评价。以培养"具有良好科学素养、人文素养、创新能力"的高素质人才为目标，建立一套全面系统的学生综合素质教育指标体系。注重过程性评价，强调大学生的态度、情感和价值观、实践应用能力及创造性等方面的考查。再次，制订考试规章制度应兼顾其合法性与可行性，要严格按照规章进行考试，这反映了管理主体与客体、管理客体与客体之间的公平。尤其要避免实际存在的以罚治考、以罚代教的个别现象。要完善考试管理制度，使学生能够与教师和管理者一起分析考试成败的原因，从而找出改良学习的有效方法，实现考试过程与学习过程相统一、学习过程和考试过程与实践过程相统一。

二、高校应用型创新人才培养的教学质量保障体系改革

高校内部质量保障体系的建设，是实现普及化高等教育的着力点。随着我国市场经济和社会发展对人才需求层次的变化，高等学校的教学管理工作也面临着

新的挑战。健全和完善教学质量保障体系，是普通高校或应用型高校当前迫切需要解决的一个核心教学管理问题。如何进行创造性的教育教学，提升学校教育教学的水平，确保人才培养的质量？一些较有特色的地方高校所采取的措施和方法值得借鉴和参考。其中建立和健全教学质量保障体系的长效机制就是这些高校急需解决的教学管理核心问题之一，更是教育部在这些年本科教学审核评估中需要审视和引导的重点。

本节首先从当前我国高校教学质量现状入手，对其原因进行了分析。下面将对高校应用型创新人才培养教学质量保障体系及改革进行一定的阐述：

（一）建立健全自我管理、自我诊断、自我改进和自我完善的长效机制

高等教育质量属于多层面的概念，它涵盖了高等教育的全部主要功能与活动。在这里我们着重讨论其中的核心问题——高等教育质量。质量不仅体现在教育活动的成果，即对学生素质能力的培养上，它还体现在教育活动全过程中的各方面、各环节上，诸如师资、投资、设施、环境、管理、教学、科研、服务等，唯有这些因素互相调配，才是合理的、有效的。

所谓教学质量保障体系，指对教学质量有影响的几个基本要素互相联系，互相作用，互相制约，形成优质的架构，起到保障教学质量的作用，推动并确保教学质量稳步发展。这些基本要素既有校内要素，也有校外要素，一个完备的教学质量保障体系是一个内部质量保障与外部质量保障相统一的有机整体。建立科学有效的教学质量保障制度是提高教学质量的重要前提。对于新创办的地方本科高校来说，构建教学质量保障体系的长效机制，其中心目标就是要以应用型创新人才培养为中心，以创造性教育教学为手段，形成适合本科院校教学实际与规律的具有科学性与针对性的教学体系，并能进行自我管理、自我诊断、自我改进的教学管理机制。

（二）建立健全全员、全过程、全方位管理的长效机制

建立教学质量保障体系，其实质就是为了保障与提高教学质量，系统地、综合性地管理影响教学质量的各因素。

1. 全员管理

在全员管理中要突出质量意识，只有人人关心教学质量，全员参与教学质量管理，人才培养才有坚实的基础，[1]建立和完善全院师生员工自觉遵守的质量控制的长效机制，以制度促进自觉自律，为开展创造性教育教学服务。

在当前我国教学质量保障制度下，质量控制的源头主要是外界，政府对高等教育质量的管理与保障具有绝对的权威。从管理学的视角来看，高校内所有职工都有意识地强化质量控制，才能持久、有效。单靠外在质量监控，难以保证其教育质量。因此，必须建立一种以教师为主体，学生为主线的教学过程质量观。

教学活动以教师的教为主，以学生的学为辅，同时囊括干部管理与服务联合活动等。它既包括教与学两方面的双边活动，也包括师生之间的交流与合作。教师要把自己放在主导地位上，充分发挥学生的主体作用。教师的学术水平、教学态度、为人师表和授课方法在提高教学质量中起着根本性作用。因此，要想使整个教育事业得以健康发展就必须加强教学管理，不断地改革教学方法。学生是学习过程中的主体，只有让学生主动参与，才能达到知识与能力素质并重的目的。因此，教学活动必须以调动全体学生主动参加为前提，使每个人都能自觉地投入课堂教学中来，并成为积极的参与者。教学活动还必须依靠有效的组织管理与服务，管理者有效的管理与服务是教学活动得以规范、高效开展的重要保证。教学管理是高校管理工作中最基本的部分，其管理水平直接影响着教育质量。管理者的工作态度、敬业精神、服务思想、责任意识、业务水平、工作方法等，对于提高教学质量起着关键作用。

2. 全过程管理

全过程管理应强调质量目标，建立完善的流程，输入和输出并举，建立长效机制。通过建立科学有效的考核体系和评价标准，促进教学质量不断提高。质量保障过程"要体现学生的利益，要关注从学生入学到毕业的学习全过程质量"。[2]高校内部质量保证工作应坚持以培养高素质人才为中心，把全面提高质量作为高

[1] 李庆钧. 基于"以学生为中心"理念的高校教学质量保障体系研究 [J]. 扬州大学学报（高教研究版），2021, 25（4）：1-7.

[2] 方潜生，黄显怀，程家福，等. 从审核评估看高校内部教学质量保障体系的完善 [J]. 现代教育管理，2019（11）：57-61.

等学校永恒的主题。在此背景下，根据应用型创新人才的培养及创造性教育教学目标，制订出具体的、切实可行的质量保证与提升计划是十分必要的，在规划中对教学、科研、服务、管理及其他方面应实现的目标及采取的措施，制定详细的考核指标，这将有助于按照计划促进创造性教育教学目标的实现。同时，通过建立科学的评估体系和评价方法可以对教学质量进行有效的监控。而在新成立的地方本科高校或者应用型本科高校中，要全面推进应用型创新人才培养质量标准的建设，改进各类人才培养方案，推动人才培养质量"校标""行标""企标""国标"建设。

3. 全方位管理

在全方位管理中，应强调对各种因素进行合理配置，建立和完善局部服从整体的长效机制。以"以人为本"为核心的人性化管理模式是全面加强学校管理工作的重要组成部分。建立"以人为本"的质量观，注重教师的主体地位与作用。创造性教育教学质量的高低，不仅体现为教育教学最终效果的好坏，也就是学生在理论应用能力及创造性发展方面，也体现为一个完整教学活动过程中的方方面面以及每一个管理环节。因此，创建高质量的教学管理必须建立科学有效的质量保障机制。构建质量保障长效机制，应实现既考核教学结果——学生的素质能力，又监控教学过程——专业质量，让教学中所有环节都处于监控中，并且通过反馈进行持续的校正，从而接近理想的目标。这就要求我们建立起一种以保证为前提的动态的、系统的质量观。

（三）建立健全责任到位、保障到位、考核评价到位、奖惩到位的长效机制

1. 责任到位

质量保障以健全责任机制为前提条件，履行质量责任。在学校内部建立一套科学有效的质量体系，对确保教学质量起着至关重要的作用。应建立规范化的质量责任、教育教学过程的控制标准与服务质量标准。制定严格有效的管理制度、操作规程及考核办法。管理人员对工作的质量标准进行监控、反馈、修正、预防等需要以文件的形式作出规定，并与各个职能部门及院（系）工作职责相结合实施，确保质量管理落到实处。

2. 保障到位

一是组织保障，要完善队伍建设机制。教学质量监控组织体系包括学校、院（系）、教研室三级机构。在对教学质量监控的过程中，必须遵循"分级管理，分工明确，协同监控"的原则，做到对教学质量各个环节逐级监控。质量保障的根本在于师资队伍的建设，高校必须千方百计建设高素质的队伍，提升教学与管理的水平，以便满足标准化的教学质量管理。

二是经费保障，要完善经费投入机制。提高教育教学质量，一方面要进行改革，另一方面要靠建设。同时要强化政府在教育经费方面的宏观调控职能。加大对教学建设和改革的资金投入力度势在必行，加强实验室、图书资料和其他教学条件的建设。在国家实施"双一流"的战略背景下，如何保障学校办学自主权是一个值得研究和探讨的问题。当前，一些地方高校教学经费投入不足，成了这些高校人才培养质量提升的瓶颈。要千方百计加大经费投入，切实为教学工作和改革发展提供必要的资金，才能保证正常的教学秩序，提高教学质量，有力促进应用型、创新型人才的培养。

三是技术保障，要建立网上监控保障系统。在现代网络技术的支持下，搭建开放式的教学质量网络监测平台，形成多元、立体的教学质量保障运行系统。它由教学质量数据监控系统、教学质量网上评估系统、教学质量信息反馈系统构成。

四是制度保障，要完善教学质量管理规章制度。教学管理规章制度是实施教学质量监控和保证的基本依据。因此，建立和健全学校教学质量管理制度至关重要。应建立和完善听课评课、教学检查、教学督导评估、考研工作、毕业论文（设计）、实践教学管理、教材管理、教学设备的保证和停课调课、教学事故的鉴定处理以及教研室工作条例等方面的教学管理规章制度，并将其编制成册，做到教学质量监控有方法，有规律。

3. 考核评价到位

必须健全考核评价机制，构建考核评价体系，有效构建适合和有利于推动应用型创新人才培养的学生综合素质评价体系。在教学各个环节中，教师、学生和所有相关人员都要在考核评价范围内。因此，必须重视对高等教育质量保障体系中各要素之间关系及其运行状态和过程的研究。高校教学质量的保证涉及教育、教学管理、服务和其他各系统，内容涉及办学方向、师资情况、管理制度、教学内容、教育科研、社会服务与学生成长和改变等。其中最关键的是教学质量保障工作中所存在的各种问题和矛盾。从某种意义上说，评价是一种诊断活动。为了指导开展创造性教育教学工作，必须以创新驱动发展理论、素质教育理念、现代教育教学理论、创造性理论、教学评价理论为指导，建构创造性教育教学的评价指标体系，进行创造性的教育教学评价。通过科学有效的评价，促进高等学校创新型人才培养目标的实现。

4.奖惩到位

建立激励与约束的合理机制。其中最重要的是建立健全科学有效的评价标准、指标体系以及奖惩办法等。对教学质量进行监测和控制，是一项复杂的系统工程，涉及许多因素。因此，建立与之相适应的激励与约束机制是十分必要的。在目前我国高等学校教育管理体制改革过程中，应以提高教学质量为中心，改革传统的教学模式。此外，还应加强教学制度的建设，对教学工作制订奖罚规定。在保证教学质量稳定提升的基础上，还要注意防止"短期行为"现象的产生，使之真正成为一种长期而有效的激励机制。对于教学质量较差、发生教学事故或者教学管理事故时，对教职员工采取否决或者淘汰机制，与此同时，强化教师综合考核，将评估考核结果和教师职称职务晋升评聘情况、工资晋升情况、津贴情况、评优评奖等挂钩，执行奖优罚劣的政策。另外，要完善质量监控体系，必须有一个科学高效的评价指标体系，即由一系列指标构成的教学质量监控系统。只有这样，才能充分调动教师与学生强化教学管理、提高教学质量的积极性，夯实教学质量监控成果。因此，建立有效的质量监控激励机制是当前教学改革发展的客观要求。

（四）建立健全课堂主导、环境引导的课堂内外整合联动的长效机制

课堂是提高教学质量的主要渠道，校园环境对提高教学质量具有重要的支持作用。高校校园氛围主要由师生之间的情感因素构成，它直接影响学生学习的兴趣和积极性。校园的氛围环境应配合课堂教学，形成课内与课外质量保障一体化联动机制。在高校教学改革中，必须重视和加强学生学习的主动性，充分发挥学生学习积极性的作用。教师课堂教学质量，是高等学校内保证教学质量的关键，必须从课前预习、课堂教学、辅导答疑、作业批改等方面进行分析，对成绩考核和其他教学过程实施综合监控。学生在学习中，不仅需要掌握基本的理论知识，还应该具备较强的实践动手能力和创新能力。课程的改革对于理论应用能力和创造性的培养至关重要。

当前高校人才培养模式存在着一些弊端。为此，有必要对传统知识本位课程体系进行变革，构建与理论应用能力和创造性培养相适应的全新课程体系。在课程设计中，应根据培养目标，从学生实际出发，突出应用性、创新性、实践性、开放性、职业性和发展性特点，形成一个多层次结构体系。具体而言，课程目标一定要反映知识、能力、情感、人格的完整统一，课程体系应由知识课程、情感课程、活动课程、自我发展课程、适应地方经济建设和产业结构调整的课程组成。同时还要建立新型的师生关系，注重学生创新能力的培养，把教学过程看作一个发现问题、分析问题、解决问题的动态过程。课程内容应新颖，必须坚持以应用与创新为导向，实现课程的结构化、一体化和网络化。教学方法要多样化，特别是课堂教学方法的多样性是实施素质教育的一个重要方面。

贯彻学生在学习中的主体地位，激发学习热情，是进行创造性教育和教学的先决条件。强化学科专业建设，对人才培养模式、课程体系、教学内容和教学方法等方面进行改革，实现课程、教学及教学管理与学生应用能力、创造性培养、人格健全等方面的要求相适应。同时应建立有利于提高教学质量和效果的管理机制和评价体系。发挥环境的引导作用，注重校园文化建设，其核心就是要构建良好的教风、学风。同时，还要注重校园文化与校园环境的协调统一。有的学校对此颇为关注，通过进行学校、院文化建设，创造浓厚的文化氛围，以践行素质教育、创新教育，这对于提高师生素质、激发办学活力起到了积极的推动作用。培育和弘扬学校"质量文化"，是建立健全高校教学质量保障体系的重要组成部分。高校内部各部门之间要形成一个协调配合的运行机制，以确保各项管理措施落到实处。学校的整体质量文化深刻地影响着学校的工作人员，学校的质量文化建设要强调质量观念、质量意识、质量规范文化、质量行为模式等。高校在加强宣传教育的同时，也需要制定相关的政策和措施，对质量成就给予奖励，推动质量观变革，创造优良的质量文化氛围，督促全体教职工、全体学生做提高教学质量坚定的拥护者、自觉的实践者。

（五）建立健全"一套制度、二级监控、三支队伍"

建立和完善通力合作长效机制。构建科学有效的运行机制，必须坚持"以人为本"的思想，把人作为根本，以学生为本。必须履行好组织领导责任，建立岗位责任制，落实各项工作，抓好质量管理队伍的建设，强化统筹协调、检查评估、信息反馈，强化齐抓共管合力，保证质量保障体系的有效运转。教学质量监控体系实行校级与院（系）级相结合的运作。院（系）是学校教育教学的基层单位，不仅是落实人才培养的教育实体，也是落实教学质量监控与评价的单位，它的工作状态与品质，直接影响着教学质量与人才培养的质量，对质量监控体系起着举足轻重的作用。各级管理部门应加强协调配合，共同做好教学检查与评估的组织管理工作。院（系）级监控体系的建立是根本，所以，院（系）领导应根据需要，对教学状态、教学质量进行认真细致地监测与评价；应根据学校评估指标体系、评估标准进行，制订与单位学科、专业相符的指标体系和评估标准。校级监控体系承担着整个学校教学状态、教学质量的监测与评价，应着重对院（系）教学质量进行检查与考核，关注教学管理、师资队伍、学科专业、课程教材实验室、教学实践基地和其他教学基本建设的状况，及时查找存在的问题并查明原因，以达到整改的目的。

组建三支教学质量监控团队，也就是教学质量监控的专职队伍、学生教学信息员队伍、教学督导与评估团队。在此基础上，建立起科学有效的质量监控管理体系，使之成为高校教育教学管理中的一个重要组成部分。各校可按要求分别成立教学质量监控管理部门。同时也可将教学质量监控的三个职能机构合并成一个独立的组织机构，以形成完整而又相对稳定的监督系统。例如，一些学校成立了教学研究与评估中心，成为学校监控体系发挥作用的行政职能部门；也有的学校将其合并到学院或教研室，成为独立的机构。部分教学质量监控管理部门挂靠教务处，在学校教务处和院（系）之间发挥着承上启下、继往开来的作用。此外，还可设置专职或兼职督导员。组建教学督导与评估队伍，学校可以聘用具有高度责任心，对教学管理、教学实践具有丰富的经验，在广大教师中具有很高威望的退休教授及在职教师，建立教学督导与评估队伍，定期对教学进行督导评估。同时还应该完善教学督导评估机构内部的组织结构，加强领导，明确职责分工，形成一个相对独立而又相互联系的整体。建立多渠道教学信息采集与反馈制度体系。通过定期或不定期地向师生发放调查问卷、座谈会等形式，了解学生的学习情况以及教师对教学效果的评价意见。教学信息的充分采集，是教学质量监控与管理的重要基础。只有通过大量的数据才能够掌握学生的学习情况及存在的问题。信息反馈是保证质量监控体系成功运行的先决条件。要实现教学质量控制与反馈的目的，就必须加强师生之间、领导之间的交流沟通。学校要建立校内外教学信息采集反馈系统，既能使管理者了解到自己所掌握的教学信息是否准确、可靠，又能避免由于盲目搜集而造成的错误决策。通过校务会、教学例会、教学简讯的方式，向教学质量管理部门、学生工作部门、后勤管理部门提供反馈信息，并通过制度的形式，要求相关责任部门依据教学反馈信息，及时规范教学管理活动，有助于确保教学管理有序开展。同时，还可利用各种方式向师生传递教学信息反馈结果，以便于改进教学过程，提高教学质量。

综上所述，新建地方本科院校教学质量保障体系长效机制的建立健全，是新建地方本科高校开展创造性教育教学、提升教育教学水平、确保应用型创新人才培养质量的基本举措。在此过程中，要处理好教师与学生、教学管理部门与院系、领导与群众三个方面关系，这样才能构建起有特色的创新性教育教学模式，培养出适应社会发展需要的创新型人才。学校在创造性教育教学和教学质量管理中，一定要遵循这一规律，把握监控保障的关键，实施扎实、有效的举措，构建畅通有序的运行机制，确立全员参与、各负其责的自我管理、自我诊断、自我改进、自我完善的创造性教育教学和高校应用型创新人才培养质量保障的长效机制。

参考文献

[1] 周楠．创新型人才培养模式探究 [M]．长春：吉林大学出版社，2021．

[2] 汪睿．高校拔尖创新人才培养模式研究 [M]．武汉：武汉大学出版社，2021．

[3] 徐骏．三位一体的创新人才培养 [M]．北京：海洋出版社，2019．

[4] 王祝华．高职订单人才培养的理论与实践 [M]．杭州：浙江工商大学出版社，2020．

[5] 费洪新，张晓杰，张英博．"三导向"人才培养模式理论研究 [M]．长沙：湖南科学技术出版社，2019．

[6] 聂国军，吴志明．高水平本科教育与一流人才培养 [M]．长沙：湖南大学出版社，2019．

[7] 姚文韵．人才培养与教学改革 [M]．南京：江苏人民出版社，2019．

[8] 杨洋，王辉．高等教育课程改革与人才培养研究 [M]．长春：吉林文史出版社，2019．

[9] 刘红梅．新工科大数据人才培养模式研究 [M]．北京：中国农业大学出版社，2018．

[10] 刘伟斌．高校人才培养模式创新研究 [M]．太原：山西经济出版社，2018．

[11] 张学，周鉴．本科层次职业教育人才培养的定位、逻辑与理路 [J]．中国职业技术教育，2022（18）：39-45．

[12] 王学东，马晓琨．职业本科高校人才培养定位与体系建设 [J]．教育与职业，2022（5）：21-27．

[13] 姚乐野．以学科交叉融合赋能本科创新人才培养 [J]．四川大学学报（哲学社会科学版），2021（6）：14-19．

[14] 李时辉，陈志军，王波．创新型高技能人才培养体系构建 [J]．高等工程教育研究，2021（5）：154-158，193．

[15] 韩双森，谢静．"双一流"大学创新人才培养战略研究——基于C9高校建设方案的文本分析 [J]．现代教育管理，2021（5）：30-37．

[16] 石忠，王晨倩. 本科职业教育人才培养定位的逻辑意蕴与应然架构 [J]. 中国职业技术教育，2021（7）：25-30.

[17] 成宝芝，徐权，张国发. 产教深度融合的产业学院人才培养机制探究 [J]. 中国高校科技，2021（Z1）：98-102.

[18] 王兴. 本科层次职业教育人才培养的现实困境、目标定位与路径突破 [J]. 职业技术教育，2020，41（34）：6-11.

[19] 胡建锋. 应用型人才培养的现实困境与逻辑路径——兼论"项目教学法"的适用性 [J]. 中国职业技术教育，2021（26）：24-29.

[20] 张旺，杜亚丽，丁薇. 人才培养模式的现实反思与当代创新 [J]. 教育研究，2015，36（1）：28-34.

[21] 范方. 职普衔接人才培养质量评价体系研究 [D]. 长春：吉林农业大学，2022.

[22] 黄巧婷. 中职新能源汽车制造与检测专业人才培养模式研究 [D]. 广州：广东技术师范大学，2022.

[23] 周健珊. "1+×"证书制度视域下中职学校会计事务专业人才培养模式研究 [D]. 广州：广东技术师范大学，2022.

[24] 田钰析. 产教融合视域下高职院校人才培养问题研究 [D]. 哈尔滨：黑龙江大学，2022.

[25] 赵子聪. 基于协同理论的产教融合工程人才培养模式建构与路径分析 [D]. 杭州：浙江大学，2021.

[26] 姜晓雷. "1+× 证书"制度下高职院校人才培养质量评价研究 [D]. 沈阳：沈阳师范大学，2021.

[27] 万家晶. 大连市中职学校"1+×"证书人才培养模式研究 [D]. 大连：辽宁师范大学，2020.

[28] 郎军. 职业教育产教融合人才培养问题及对策研究 [D]. 沈阳：沈阳师范大学，2020.

[29] 苏志立. "1+×"证书制度背景下广西中职电子商务专业人才培养模式优化研究 [D]. 桂林：广西师范大学，2020.

[30] 王显清. 基于 OBE 的地方工科院校人才培养模式研究 [D]. 哈尔滨：哈尔滨理工大学，2019.